# 福祉リーダーの強化書

どうすればぶれない上司・先輩になれるか

久田則夫

中央法規

# はじめに
## ——福祉職場に足りないのは真のリーダーである

今、福祉の職場が直面する最大の問題は何か。この問いを福祉事業所の経営面のトップである社長や理事長、あるいは運営面のトップである施設長・所長といった管理職に投げかけると、ダントツのナンバーワンにあげられるのが人手不足だ。

実際、私のもとには、福祉事業所で管理職を務める人から、数多くのＳＯＳのサインが寄せられてくる。「職員が確保できず困っています。一体どうすれば人員確保ができるでしょうか」「求人を出しても応募者がほとんどいない状況に四苦八苦しています。何かいい手はないでしょうか」「やっとの思いで採用しても、あっという間に離職してしまう人が後を絶たず、人手不足の状況から抜け出せずにいます。どうすればこの苦境から抜け出せるか、アドバイスをお願いします」といった相談がほぼ毎日のように舞い込んでくる。

福祉の職場が慢性的な人手不足の状況にある点を否定するつもりはない。これは、国と各自治体、福祉事業所関連団体、そして、各事業所が一致協力して解決に向けて取り組まねばならない重要な課題である。

ただし、福祉の職場にいま不足しているのは、人手だけではない。福祉事業所のさらなる発展にかかわる重要な要素が慢性的かつ継続的に不足状況にあるという事実を指摘しなければならない。

それは、リーダーシップを発揮する職員の存在である。職場をあるべき方向に着実に導いていくリーダーが十分に育っていない。これが、多くの福祉職場に存在する喫緊《きっきん》の重要課題の一つである。

ここでいうリーダーとは、管理職の立場にある人だけを指しているのではない。厳密にいえば、リーダーという概念は、職階には連動しない。どのようなポストに就いているのか、職場のなかでどのようなポジションにあるのか、どのような職種、雇用形態で働いているか、なども関係ない。ともに働く職員に対して、あるべき方向を示し、そこへ導いていく人という意味で用いるものである。もちろん、その前提としては、自分自身もあるべき方向に努力邁進《まいしん》する。常に他者の手本となるような姿勢を示すという意味も含まれている。

あるべき方向を常に示してくれる職員がいない職場は方向が定まらず迷走するようになる。難題に直面したとき、どうすればよいか、相談する人がいない状況になる。この職員がいてくれれば、「必ずいい方向に進むことができる」「直面する問題が解決できる」「課題が克服できる」という安心感が抱けなくなる。

この状況は職員のモチベーションに暗い影を落とす。士気低下をもたらし、業務レベルが低迷状態に陥っていく。働く喜びが実感できないので、〝夢破れて〟職場を去る職員が後を絶たない状況になる。職場がこのような雰囲気にあることは、職場外にいる人の耳にも届くようになる。ある特定の福祉職場は離職率が高くて問題があるという形で、知れ渡ってしまうケースもあれば、福祉業界全体の特徴として、やりがいが得られず短期間に辞める職員が多い職場環境にあるという情報が広く社会に伝わってしまうケースもある。これが、求人を出しても反応がない、あるいは、応募者が極めて少ない事態を生み出す原因になってしまうのだ。

つまり、リーダーシップを発揮する職員の不在状況が、職場の迷走↓働き手である職員の不安感の増大↓業務レベル低下↓働き手である職員のモチベーション・やりがい低下↓業務レベルのさらなる低迷↓モチベーション・やりがいのさらなる低下↓職員の離職率上昇↓社会に負の情報が拡散↓求職者減少↓恒常的人手不足という負の連鎖を生みだしていたのである。

こうした状況を打ち破るには、何が必要かはいうまでもない。リーダーの存在が必要になる。真の意味でのリーダーシップをもった人の存在が、職場に業務レベルの向上をもたらす。それが、進むべき方向性の明示と共有↓適宜・的確な職員サポートによる安心感の増大↓職員のモチベーション・やりがい向上↓業務レベルの継続的向上↓職員の定着率向上↓福祉の職場の魅力が社会に広く拡散↓求職者増加↓人手の安定的確保↓職に就いた人がリーダーへと着実に育つ、という好循環現象をもたらす。この好循環現象をもたらすリーダーが福祉の職場には必要とされているのだ。

ところで、あなたの職場は、どうだろうか。ここで示した好循環現象をもたらすリーダーがいるだろうか。リーダーシップを発揮する職員が着実に育つ環境にあるだろうか。万が一、残念ながら見当たらないという状況にあったとしても、落胆する必要はない。

なぜ、そう断言するのか。あなたが働く職場はラッキーだ。そこに、〝あなた〟というキーパーソンがいる。「リーダーとして、力を発揮したい」といった思いを抱くあなたが職場にいる。リーダー養成と強化を目的とした本書を手にしたあなたがいてくれる。あなたは、ひょっとすると、管理監督者、主任、チームリーダーという立場の職員かもしれない。あるいは、今は、そうした立場ではないが、将来、職業人としての階段を上っていく人かもしれない。どちらのケースであっても、あなたの職場は安心だ。職場をあるべき方向に導くという思いを抱くあなたがいてくれるからだ。

このように記すと、「いえ、私は主任やチームリーダーといったポストには関心がない」「ただ、リーダーというのはどんな使命や役割を担っているのかが知りたくて手にしただけ」という人もいるだろう。その場合は、こう主張しなければならない。すでに述べたように、実は、リーダーシップの発揮は役職に就いているかどうかは関係ない。管理監督者、主任やチームリーダーを目指すわけではないので、リーダーシップの習得や発揮は必要ないと考えるのは誤りだ。最新のリーダー論の見地からいえば、リーダーシップの発揮は、すべての職員に求められているからだ。職業人として働く自分自身をあるべき方向に導き育てていく、または、後輩や同僚を正しい方向に導いていくことはすべての職員が果たすべき重要な役割なのだ（この点については、第1章で詳述するのでぜひ目を通してほしい）。

だから、「私はその立場にない」と尻込みする必要はない。リーダーシップの発揮に向けて確かな一歩を踏み出してほしい。本書で示した、よきリーダーとなるための実践的ポイントに目を通してほしい。

本書の読み方は極めてシンプルだ。まずは第1章、第2章、第3章と順番に目を通し、リーダーシップとは何なのか、どのような組織づくり・チームづくりを目指すものなのか、そして、どのようなリーダーになることが期待されているのか、じっくりと学んでほしい。

管理職や主任といった立場ですでに働いている人であっても、これらの章に目を通すと、リーダーとしてどのような役割を果たすのか、どのような形で組織・部署・チームの発展に貢献しなければならないのか、そして、発展に寄与できるようになるためにはどのようなリーダーになる必要があるか、把握が不十分であった点に気づけるケースがある。

役職者ではなく、最前線の職員として働く人の場合は、「私はリーダーシップを発揮する立場にはない」と思っていたが、実はそれは思い込みであり、間違いであったという点に気づけるだろう。今後、自分はリーダーシップ・マインドをもった職業人としてどのような行動を示すことが求められるのか、確認する絶好の機会になるだろう。

第1章から第3章までを読み終えれば、続いてどの章を読むかはあなた次第だ。第4章から第9章までの目次にじっくりと目を通し、「これが今の自分にとって必要」「この点からぜひ学びたい」「この章のタイトルがとても気になる」という章から順番に読み進めてほしい。

ただし、漫然と読み進むだけで終わってはならない。読んで学んだことは必ず行動に移し、〝やり遂げ〟ていく。これが本書を読むうえでの重要な〝お約束〟だ。リーダーに求められるのは、果たすべき使命と役割を適切な手順と方法で堅実に〝やり遂げ〟ていくこと。行動を起こすだけに留まらず、「さすがリーダーは違う」「これこそリーダーシップ・マインドを持ち合わせた本当の職業人だ」と同じ職場で働く仲間（部下・後輩・同僚・上司）はいうまでもなく、他事業所・他機関で働く人からも、高く評価される実績をあげていく。

実績を示す人が増えれば、福祉領域で働く人に対する社会からの評価も着実に向上する。福祉の仕事に対する認知度が右肩上がりに高まっていく。福祉職員として働くことが社会からいま以上にリスペクトされるようになる。こうした風潮が広まっていけば、業界を取り巻く空気感も変わってくる。福祉の道を志す人が、増加の一途を辿る時代が到来する。福祉の仕事が子どもたちや若い世代にとって、憧れの仕事の一つになる時代が到来する。そんな時代の到来を、福祉リーダーとしての気概をもって働く人が作りあげていくのだ。

今、私が書き連ねている福祉の仕事に対する社会的評価の向上（すなわち、職業ブランドの向上）は、〝夢物語〟でも〝妄想〟でもない。リーダーシップを発揮する人が増えていけば、必ず福祉の業界は変わっていく。レベルアップが目に見える形で示されるようになる。そうなれば、当然、利用者の満足度も高まるし、働く人の職務満足度も高まる。社会的評価も格段にあがる。リスペクトされる職場という位置づけの獲得にもつながっていく。

その貴重な牽引者《けんいんしゃ》となるのが、読者の皆さん、一人ひとりだ。本書で示したリーダーとしての姿勢、心構え、スキルをマスターし、所属する職場だけではなく、業界全体を変えていく真のリーダーとして、さらなる飛躍と成長を遂げられることを、心から願っている。

＊＊＊

最後に、本書の誕生に貢献してくれた恩人に感謝の気持ちを表させていただく。本書誕生の最大の功労者は中央法規出版第一編集部の米澤昇氏だ。いや、正確にいえば、彼の活躍は功労の域をはるかに超えるものであった。

前作の『福祉の仕事でプロになる！――さらなる飛躍に向けた24のポイント』（中央法規出版刊）を執筆しているときから、「次はぜひ福祉リーダー向けの作品を書いてほしい！」という新企画を熱意あふれる姿勢で持ちかけてきた。一つの作品を仕上げたら、しばし休息をとりたくなるのだが、米澤氏の熱意が私の心に火を付けた。すぐに執筆に取りかかることを決意した。「この編集者であれば、共同でいい作品ができる」と確信したからである。

米澤氏の編集者としての力量は圧巻の一言につきる。企画段階から、執筆段階、そして、校正段階に至るまできめ細かく、タイムリーかつ的確なアドバイスを提供してくれた。どのような構成にするか、どのようなレイアウトで読みやすい作品に仕上げるかについても、さすがプロは違うと強く思わせる、見事な提案を示してくれた。

本作りは執筆者と編集者の協働作業といわれるが、本書はそのレベルをはるかに超えるものであった。本書は、米澤氏の本作りの名手としてのリーダーシップによって、できあがった作品である。映画作りでいえば、脚本は私が執筆したが、総監督は米澤氏だ。脚本がいい形で、オーディエンスである読者に伝わるようまとめあげてくれた。執筆者である私に想像もできないような的確なアレンジで世に出す準備を進めてくれた。本書にちりばめられたイラスト、全体の構成、レイアウトも、多くは彼のアイディアによって生まれたものである。心より感謝の気持ちを表明させていただく。

そして、繰り返し、本書を手にした読者の皆さんに感謝と敬意の念を込めて、メッセージを送らせていただく。

素晴らしい総監督兼パートナーの協力によって世に出た本書が、福祉リーダーのさらなる飛躍と養成に貢献し、福祉職場のより一層のレベルアップ、そして、福祉の仕事と職場に対する社会的評価の向上に寄与することができるとすれば、私にとってこのうえない幸せである。

どうか、本書が多くの福祉リーダーの手元に届きますように。そして、職場のレベルアップと社会的認知度の向上につながりますように。

祈りを込めて。

久田則夫

二〇一七年七月

目次

第1章

# リーダーシップを発揮するのは誰か

## ―「自分には関係ない」は大きな誤解―

## 1 中堅職員への問いかけからわかったこと

福祉の職場で中堅の立場で働く職員を対象とした研修の場で、受講者の方々に、よく投げかける質問がある。

「福祉の職場で皆さんは三年あるいはそれ以上の経験をされてきています。きっと後輩職員も入ってきたことでしょう。そこで質問です。皆さんは、どんなリーダーシップを発揮していますか」

この質問を投げかけると、多くの受講者は困ったような表情を見せる。何名かの受講者に、話を向けると、決まってこんなコメントが返ってくる。

「リーダーシップですか。いやぁー、私はまだその立場にありません。うちの法人じゃ、まだまだペーペーの立場ですから」

「まだまだ私は人から教えられる立場で力量不足。リーダーシップを発揮して人に何か教える立場になるなんて、私には恐れ多くてできません」

「いえいえ、私はそんな大役は担えません。決められた業務を

こなすだけで精一杯。リーダーシップなんてとてもムリです」

実をいうと、これは決して珍しいことではない。どの都道府県であろうとも、対象が中堅職員となっている研修会で、「どのようなリーダーシップを発揮していますか」と問いかけると、たいてい同じようなコメントが寄せられる。もちろん、「新任職員や後輩に業務を教えるという点で、リーダーシップを発揮しています」との見解を示してくれる人もいる。が、あくまでも少数派。圧倒的多数の人は、「そんな立場にない」「そんな力はない」「とてもそんな大役は担えない」などといった見解を示す。

## 2 リーダーシップに対する典型的誤解

### 1　リーダーシップは職階に連動するという誤解

注目すべきは、なぜ多くの中堅職員がこうした見解を示すのかという点だ。その背景には、リーダーシップに対する大きな誤解がある。中堅職員は上から指示を受ける立場にあり、リーダーシップの発揮には無関係。管理監督者の立場にある人が担うのがリーダーシップであり、現場の最前線で働く自分たちが担うものではない。残念ながら、社会福祉領域では未だにこのような誤解がはびこっている。

**リーダーシップとは、そもそも、職階に連動する概念ではない。**管理監督者のポジションにあるものだけが、発揮したり担ったりすることが期待されるものではない。

社会福祉領域におけるリーダーのあり方に関する本を著したルイーズ・ジョーンズとクレア・ベネットは「リーダーシップを担うのは、組織の上位階層の者であるというのは共通に抱かれている誤解である」[*1]（筆者訳）との警告を発している。組織の構成メンバーは、ある時点で必ずリーダーシップを発揮する立場になるし、そうなることが期待されているという見解を示している。

そもそもリーダーシップとは、組織行動リーダーシップを専門とする大中忠夫が執筆・監修した『ＭＢＡリーダーシップ』を参考にすれば、次のように整理できる。

職業人として培われた最新の価値観および経営理念に基づいて、構成メンバーが一丸となって取り組める魅力ある目標を設定すると同時に、目標達成に向けた体制を整備・構築し、部下の意欲を高め成長させながら、課題達成や問題解決を図っていく一連の行動を指す。

社会福祉の領域でいえば、**最新の福祉理念、倫理、価値および社会福祉事業所が独自に掲げる経営理念、運営理念などに基づき、ともに働く仲間である構成メンバーの意欲を高めたり引き出したりしながら、共通の目標達成、課題達成、問題解決に向けて一丸となって取り組んでいく一連の行動**と整理できる。

## 2　リーダーシップはあらゆる層、職種を超えて発揮されるもの

英国のザ・ナショナル・スキルズ・アカデミー・フォー・ソーシャル・ケア（The National Skills Academy for Social Care）という社会福祉サービスの専門性向上を担う機関は、すべての福祉専門職に向けて、リーダーシップを発揮する職業人となるためのガイドラインを示している[注]。ガイドラインのなかで同機関は、リーダーシップを発揮する専門職になるための必須スキルとして、リーダーとしての個人的資質向上に向けたスキル、他機関・多職種専門職との連携スキル、適切かつハイレベルなサービス提供に向けたマネジメント・スキル、業務改善に向けたスキル、組織（チーム）の方向性明示に向けたスキルなどを示している。

重要なのは、このガイドラインが、ケアの最前線で働く職員から、上級管理職として働く人まで幅広く網羅している点だ。リーダーシップは、一部の人のものではない。組織に所属するすべての人に求められるものというスタンスが明確に示されているのである。

わかりやすい形に整理すれば、すべての職階、職種、雇用形態の職員が、次のような形でリーダーシップを発揮することが求められているのである。

①先輩が後輩にリーダーシップを発揮する。

[注]……同機関は二〇一四年六月に Skills for Care という機関のなかに統合吸収された。

②上司が部下にリーダーシップを発揮する。
③同僚が他の同僚にリーダーシップを発揮する。
④ある職種の職員が他の職種の職員に対してリーダーシップを発揮する。
⑤常勤職員が非常勤職員にリーダーシップを発揮する。
⑥所属部署での経験や知識に長けた非常勤職員が経験の浅い常勤職員にリーダーシップを発揮する。

このように、**リーダーシップはあらゆる層、そして、職種を超えて発揮されるもの**である。福祉の職場に勤務し、職場が定める基本業務がこなせるようになれば、誰もがリーダーシップの発揮を意識することが重要になる。

あなたが管理職であれば、部下・後輩が、勤務経験が浅い段階から、そのような意識がもてるよう動機づけをしていかなければならない。動機づけは、内部の新任職員研修の場面から始めてもよい。ごく初期の段階で、新たに職場で働き始めた職員に、一年後には、後輩に対してリーダーシップを発揮する職員になるよう明言する。

福祉の職場に今、新任職員として入ってくる人はバラエティに富んでいる。新卒者もいれば、社会人としての経験がある人もいる。人生経験が豊かな人もいる。福祉職としての経験はなくとも、他の業界で一定以上の実績をあげてきた人もいる。もちろん、福祉業界で働いた経験がある人もいる。

福祉業界あるいは他の業界で一社会人として何らかの経験を積み重ねている人の場合、十分な意識づけを行い、知識と技術を着実に身につければ、早い段階で、リーダーシップを発揮できる。その機会の提供は、本人のモチベーション向上にもつながるし、よき手本を見せる立場になるのだから、スキル・知識をしっかりと習得しようという意欲の向上にもつながる。

リーダーシップの発揮という点について、あなたが中堅という立場で働いている場合は遠慮はいらない。すでにある一定以上の知識や技術を身につけているのであるから、リーダーシップの発揮に向けて、行動を起こすことが期待されているのである。

## 3 どのようなリーダーシップを発揮するのか

では、福祉領域で働く職業人に、どのようなリーダーシップの発揮が求められているのか。

この点については、組織を継続的なイノベーションへと導く変革型リーダーシップ（Transformational Leadership）を提唱するバスとアリビオの見解を参考にしたい。彼らは、リーダーシップに求められる要素を、次のように整理している。

### 1　ビジョンの提示

**これから組織はどの方向に向かっていくのか、明確なビジョンと方向性を示すのは、リーダー**

**シップを発揮する重要な使命**となる。

ビジョンの提示について、最も重要な役割を果たすのは理事長、社長、施設長など上級管理職の立場にある職員である。もちろん、理事会、取締役会なども、その重要な役割を果たす。

中間管理職は、ビジョンをより具体的な形で伝える役割を担うとともに、担当する部門や部署がビジョンに基づく運営、サービス提供ができるよう目配りするという重要な役割を果たす。

チームリーダーや中堅職員、経験が浅い職員の場合は、まずはビジョンの正しい把握と理解に努め、その方向に進むために、チームメンバーの一人である自分は何を期待されているのか、どのような役割を担う必要があるのか、どのような業務を行っていく必要があるかを考えながら業務に当たるようにする。

## 2　継続的な目標設定と実現による変革の促進

ビジョンをベースにして、目標設定を行い、達成に向けて組織全体が努力邁進《まいしん》する「**成長する組織文化**」を作りあげる。望ましい将来の実現に向けて、組織全体、各部署、各チームが自己成長と変革を遂げられるようにする。こうした取り組みは、リーダーシップの根幹に位置するものである。

理事長、社長、施設長など経営あるいは運営面におけるトップリーダーのポジションにある職員は、法人（事業所）レベルの目標設定、目標達成に向けた計画の立案、プランに基づく実行、進捗状況のチェックという一連のプロセスを通して、組織全体レベルの変革実現に力を尽くす。

中間管理職の場合は、管轄する部門、部署の目標設定、計画立案、実行により、ミドルマネジメント・レベルにおける変革実現に取り組む。

チームリーダーおよび中堅職員は、チーム内の目標設定、実現に力を傾注する。経験が浅い職員も、チーム内の目標設定と実現に向けて力を注ぐ。こうした取り組みを通して、最前線の福祉実践レベルにおける継続的変革を実現する。

## 3　モチベーションの向上、強化

構成メンバー（社員、職員）のモチベーションが高まるチームづくり、組織づくりを心がけていく。働く喜びが実感できるよう、あらゆる取り組みに着手する。**継続的な発展、目標達成、問題解決、課題達成に向けて、高い意欲をもってチャレンジできるチーム環境の整備に邁進《まいしん》する。**

管理監督者のポジションにある職員は組織全体あるいは担当部門に目配りしながら、組織全体のモチベーション向上に力を注いでいく。

チームリーダー、中堅職員の場合は、チーム内のモチベーション向上、強化に努める。

経験が浅い職員の場合は、まずは自身のモチベーション向上に注力する。同時に、チームメンバーのモチベーション向上への貢献を目指す。

## 4　構成メンバー（社員、職員）のエンパワメント実現

一人ひとりの構成メンバー（社員、職員）の能力やポテンシャル（潜在的な能力）などを的確に把握

し、強化する。**誰もがもてる力を存分に発揮できるようサポートする。**

管理監督者の場合、職場全体で人が育ち、能力が発揮できる組織体制の整備に取り組む。「やりっ放し」の研修ではなく、サービス向上と職員の成長に資《し》する研修システムの整備・確立を目指す。

チームリーダー、中堅職員の場合は、自身の能力開花につながる取り組みはいうまでもなく、後輩職員の育成に向けて、よき手本になるべく行動を起こす。

経験が浅い職員の場合には、研修の機会をフルに活用し、自己学習の積み重ねによって着実な自己成長を目指す。後輩のエンパワメントに向けて貢献する職員となるべく準備をする。

## 5　チームワーク、連携強化

チームが掲げる共通の目標を力を合わせて達成できるようサポートする。それと同時に、**問題解決、課題達成ができるようチームワークの強化を図る。**

上級管理職の場合は、組織全体の連携強化に注力する。事業所を複数経営しているケースでは、事業所間の連携も必要となる。

中間管理職の場合は、担当する部門、部署内のチームワーク、連携に力を注ぐ。同じ職階の仲間、つまり、横の連携強化を図るのはいうまでもなく、部下から上司、上司から部下へのスムーズな意思疎通も視野に入れなければならない。

チームリーダー、中堅職員、経験が浅い職員の場合は、まずチーム内の連携強化に努める。その際の有効なツールはコミュニケーションスキルと対人関係スキルだ。お互いに安心しながら話ができるようになるためには、これら二つのスキルの習得、強化が求められる。

## 4 さらに必要な発揮すべきリーダーシップとは

英国の非政府組織でソーシャルワークの資格認定などの役割を担ってきた重要機関、ジェネラル・ソーシャル・ケア・カウンシル（General Social Care Council）は、社会福祉領域に特化したリーダーシップのガイドラインを作成している。同ガイドラインを参考にすれば、社会福祉領域で働く人には、次のようなリーダーシップの発揮がさらに必要となる。

### 1　他者に対するプラスの眼差しとリスペクト

利用者を常にプラスの眼差しでとらえ、常に心の底からリスペクトするという姿勢を貫く。ともに働くスタッフに対してもプラスの眼差しでとらえ、大切にするという姿勢をもち続ける。プラスの眼差しと敬意をベースとした関係づくりを行い、**スタッフ間の信頼感の醸成**を図っていく。安心感を抱きながら働ける環境を作っていく。スタッフ間の絆を深め、チームワークがフルに機能する組織風土を確立する。

## 2 気づく力の習得、維持、強化

利用者の個別ニーズ、思い、持ち味、価値観、大切にしたいこと、好きなこと、好きではないこと、苦手なこと、苦手だけど克服したいこと、できるようになりたいこと、などに気づく力の習得、維持、強化を図っていく。加えて、職場内の課題、問題に対して気づく力の習得、維持、強化を図る。

## 3 専門的援助技術などを高めていく機会の提供

社会福祉専門職に必要とされる専門的知識やスキル向上の機会をチーム（部署、事業所）のメンバーに鋭意提供していく。こうした取り組みを通して、困難な状況のなかでも、正しい考えに基づく判断、適切な利用者支援ができるようサポートする。

# 5 それでもリーダーシップの発揮に戸惑いを感じるあなたへ

## ――誤解の罠からの脱却を目指せ――

ここで、おさらいをしよう。リーダーシップに関して、ここまで二点のポイントについて確認してきた。一つは、リーダーシップの発揮は職階とは無関係。ほぼすべての職員が担う責任があること。もう一つは、どのような役割があるか、だ。リーダーシップを発揮するためには、どのような役割を担っていく必要があるのか、について説明した。

さて、あなたは、これらの役割を担うという強い思いを胸に抱いているだろうか。

万が一、「そう言われても……」「いえいえ、私なんかムリ」などといった思いに苛まれているとすれば、胸に手を当て、自分自身に問いかけてみなければならない。「なぜ、私は、戸惑いを感じるのか」「なぜ、私はムリだと思ってしまうのか」。答えが、もし「私にそんな能力はない」「私には向いていない」「責任ある立場で働くのは私にはムリ」というものであれば、声を大にして言わなければならない。あなたはまだリーダーシップに対する誤解の罠から抜けきれていない。リーダーシップの本質について、学びを深めなければならない。

## 6 リーダーシップに類い稀なる能力は必要としない

リーダーになるには能力は必要か。答えはイエスだ。が、それは類い稀なる能力、傑出した能力という意味ではない。そうした能力があるに越したことはないが、他者よりも秀でた能力があるからといって、リーダーとして成果をあげられるとは限らない。能力が高すぎるが故に、十分なリーダーシップが取れなくなるケースもある。

典型的な例は、自分ができることは、当然のごとく他者もできると思い込むケース。本人にとっては朝飯前のように感じる業務なので、誰だってできるはず、と強く思い込む。そんな視点で他者をみるので、できない人への眼差しや対応が、無意識のうちにきついものになる。「何でこんなこともできないんだ」という態度で接するようになる。結果的に部下・後輩の心は離れていく。なぜ、正しい指摘をする自分に部下・後輩がついてこないのか理解できないので、不快感を露わにするようになる。

部下・後輩はそうした態度に敏感だ。**一方的に責めたてる人には強い反発心を抱く**ようになる。心はどんどん離れていく。こんな状況になってしまえば、個人としてどんなに力量があっても、チームや組織レベルで成果を収めることができなくなる。

こうしたケースがあるからこそ、繰り返し強調させていただく。よきリーダーとなるうえで必須条件となるのは、類い稀なる能力ではない。**必要とされる能力の習得や向上に努めるという決意と覚悟**だ。リーダーシップの必須要素であるチームワークの強化、向上に寄与するという点において、自分は力がないと気づいたら、習得に向けて行動を起こす。

他者に対して、ついマイナスの視点でみる癖があるのであれば、社会福祉の価値と倫理について、今一度、勉強を始める。援助技術や介護技術を他者に手本を見せながら教えることが不

得意ならば、あらためて対人援助に関する理論と技術を学び直す。

リーダーシップを発揮するうえで、まず必要とされるのは決意と覚悟。さらには、理解が不十分なものを、十分なものとなるよう努力する姿勢と行動が求められているのである。

## 7 リーダーシップは向き不向きで担うかどうか決めるものではない

### 1 無理だと逃げないでチャレンジする姿勢をもつ

組織で働いていれば、当然、組織内で期待された役割や使命がある。身につけるべき力が、何らかの形で示されているはずだ。チームワーク、職員間の連携、専門的知識や技術の習得など、厳格なルールという形でなくとも、職場のなかに、果たすべき役割や保持すべき基本姿勢などについて決め事があれば、それを着実に守ることが職業人としての基本である。

あなたの職場には、おそらく、いないはずだ。職場内の決め事を、「向いていないからムリ」「それ、私、苦手だからムリ」と否定的な見解を堂々と語る人は。

職業人として働いていれば、向いているかどうかにかかわらず、やらなければならないことはやらなければならない。苦手意識をもつことであっても、無理だと言って逃げるのではなく、チャレンジし、できるようにならなければならない。
あなたも、この点は経験済みのはずだ。福祉の仕事に就いた当初はうまくできないことがたくさんあった。少しずつうまく業務がこなせるようになっても、まだいくつか苦手な業務が残っていた。何とか、うまくできるように努力、工夫をし、乗り越えてきたに違いない。これまで、いくつもの苦手業務がうまくできるようチャレンジし、試行錯誤しながら乗り越えてきた実績があるはずだ。

もしそうであるなら、心配はいらない。実はあなたはリーダーシップを発揮する準備ができている。ただし、どんなに準備ができていても、「ムリだ」と思い込みに縛られている限り、リーダーシップは発揮できない。あなたに今、必要なのは、「向いていないからムリ」「苦手だからできない」と考える姿勢にきっぱりと別れを告げることである。

それでも、リーダーシップの発揮を「ムリ」「苦手」「できない」と言って放棄する人は、職業人として成長しない。チームワークの向上にも貢献できない。利用者一人ひとりの複雑なニーズにきめ細かく対応した質の高いサービスの実現など、まず不可能。はるか彼方の夢物語と化してしまう。

## 2 個人プレーではできない利用者支援

福祉の職場で職業人として働き始めれば誰もが学ぶ。利用者支援は個人プレーではできない。他の職員との連携が必要になる。**チームワークの向上に貢献する姿勢**が求められる。

組織人として働く限り、必ずリーダーシップ意識はもたなければならないし、行動としても明確に示すことが求められる。自己の専門性や実践力を高め、それを他の職員に教え、共有する。チーム内の問題や課題を、協力して解決する。そんな行動をまず自分から率先垂範《そっせんすいはん》して示すことが求められる。

それなのに、「ムリ」「できない」に終始していたらどうなるか。チームレベル、部署レベルでの成果や実績に貢献できない人になる。他の職員と協力して、利用者に質の高いサービスを提供するという使命が果たせなくなる。

だからこそ、繰り返し強調したい。「ムリ」「苦手」「できない」との姿勢と訣別し、リーダーシップの発揮に積極《せっきょく》果敢《かかん》に取り組むことが求められているのである。

## 8 責任のない立場で働いている人はいない

「リーダーシップの発揮という責任ある立場で働くのは私にはムリ」という思いを抱く人は、次の二つの点について、誤解している。

一つは、すでに繰り返し述べていることだ。リーダーシップは、そもそも職階に連動するものではない。管理監督者の立場にある人も、その他の職員もそれぞれの立場でリーダーシップの発揮に力を注がなければならない。もちろん、立場によって、職場全体か、部署内だけか、チーム内だけか、といった具合に、リーダーシップを発揮する範囲は異なってくる。

もう一つの誤解は、自分は「責任ある立場にない」と思い込んでいる点。どこの業界で働こうとも、どんな立場で働こうとも、**責任がない立場で働いている人など、誰一人いない。**福祉の世界であればなおさら強く意識してもらわなければ困る。人の生命や生活の質、生き様に深く関わりをもつ仕事であるからだ。職種や職階によって、直接的に利用者に向き合う仕事か、それとも間接的な形でサポートするか。アプローチの方法については違いがあるが、誰もが利用者を支える重要なパートナーであることは間違いない。

職業人として働く者は誰もが等しく責任ある立場にある。だから、強固な決意と覚悟が必要になる。「**誰もが責任ある立場にある。私もそうだ。だから、私も責任をもってリーダーシップを発揮する**」。こうした姿勢で、福祉の職場で働く職業人としての責任を着実かつ堅実に果たしていくことが求められるのである。

# 9 過去と現在と未来に対する責任を担うリーダーになる

最後に、リーダーシップを発揮する人として、どのような責任を果たすことが求められるのか。リーダーシップ論の見地からいえば、担うべき責任は三点に整理できる。第一は**過去に対する責任**。第二は**現在に対する責任**。そして、第三は**未来に対する責任**である。

## 1　過去に対する責任

過去に対する責任は、文字通り、過去に発生した出来事に対する責任である。振り返った結果、不十分なものであることが確認できた場合は、**謝罪、原因究明、再発防止策の立案、防止策の徹底等の取り組み**に着手しなければならない。振り返りの結果、望ましい成果をあげている場合は、その状態が維持できるよう努める。

が、それで終わりではない。社会から求められるサービスレベルは上がり続けている。過去の実践を振り返って、よい成果が出ていたとしても、将来的には不十分と判断されるケースもある。よって、さらなるレベルアップに向けてチャレンジする姿勢が常に必要になる。

## 2　現在に対する責任

現在に対する責任は、今、従事している業務に対する責任である。この責任を果たすためには、今、行っている業務が、手順や内容という面で質の高いものになっているか意識しながら働くことが要求される。**正しい手順であり、かつ、適切な内容であるとの根拠が示せるか**。この点を意識しながら業務に携わっていく。

業務遂行後は、なるべく早い機会に振り返る。少なくとも当日中には振り返り、点検する機会をもつ。とはいえ、特別に時間をかけて取り組むというわけではない。記録を書く際に、こう意識するだけで結構。「さて、利用者の立場にたって考えたとき、何がうまくいったか。何がうまくいかなかったか。どこを改善、見直す必要があるか」。こう意識しながら記録を書けば、その日の業務が点検できるようになる。

振り返った結果、うまくいっていることが確認できた業務に関しては、今後もうまくいくよう心がける。同時に、さらによい状態になるよう、バージョンアップの方法を考える。うまくいかなかった業務がある場合は、何が原因であったかを考えたうえで、改善計画を立案する。明日の業務から実行に移していく。

## 3　未来に対する責任

未来に対する責任は、これからもずっと、よきサービスを提供し続ける法人（事業所、部署、チーム）となるために果たしていく責任を指す。この責任を果たすためには、**未来に向けたイメージを明確にする**必要がある。

社長、理事長、施設長の場合であれば、五年後、一〇年後といった中長期的視点で、法人や各事業所が、そのときに、どんな状態に達していることをゴール（到達目標）とするのか、どのような組織体制、どのような業務やサービスレベルに達していることを目指すのか、明確なイメージが必要になる。ゴールが明確になれば、達成計画の立案が可能となる。着実に計画を実行に移し、然るべきときには見事にゴールにたどり着く可能性が高くなる。

中間管理職の場合は、上級管理職とともに中長期的計画の立案、実行にも大きく関与するのはいうまでもない。同時に、一年から三年以内に達成を目指す当面の重点課題・目標設定と達成計画の立案、実行にも携わる必要がある。部下との連携によって、担当する部門・部署があるべき未来に向けて進めるよう、着実に成果があげられるよう、リーダーシップを発揮していく。

チームリーダーや中堅職員として働く職員は、直属の上司とともに、チーム、部門、部署の「明るい未来」の実現に向けて、短期目標の設定、立案、実行に携わっていく。経験が浅い職員の場合は、「明るい未来」の実現に向けて、どのような目標、計画が設定されているかを学び、その実現に向けて、着実に貢献していく意識をもって働くことが求められる。

[引用文献]

＊1 Jones, L. & Bennett, C.L., Leadership in Health and Social Care: An Introduction for Emerging Leaders. Banbury: Lantern Publishing, p.2, 2012.

[参照文献]

・大中忠夫監、グロービス・マネジメント・インスティチュート編『ＭＢＡリーダーシップ』ダイヤモンド社、二〇〇六年

・Skills for Care, Leadership Quality Framework: Guide for those in Governance Roles, Leeds: Skills for Care, 2016.

・The National Skills Academy for Social Care, Leadership Starts with Me: The Why, What and How of Leadership in Adult Social Care, London, The National Skills Academy for Social Care (NSASC_Leadership Starts With Me Spring13.pdf), 2013.

・The National Skills Academy for Social Care, The Leadership Quality Framework: For Adult Social Care, Leeds: Skills for Care (Leadership-Qualities-Framework.pdf), 2014.

・Bass, B. & Alivio, B., Improving Organisational Effectiveness through Transformational Leadership, London: Sage, 1994.

・GSCC (General Social Care Council), Specialist Standards and Requirements for Post-Qualifying Social Work Education and Training: Leadership and Management, London: GSCC, 2005.

第2章

# 停滞の罠から職場を救い出せ

—いざ“成長する組織文化”の醸成に取り組もう—

## 1 あなたの職場は停滞の罠に陥っていないか

福祉の職場には残念な共通の特徴がある。「このままではいけない」という危機意識が希薄な組織状況となり、停滞の罠に陥ってしまいやすいという特徴である。

その傾向が目立つのが、居住型福祉サービスの事業所だ。例えば、特別養護老人ホームや入所型の障害者施設などの場合は、多くの人が〝入居待ち〟の状態になっている。ちょっと油断すれば、お客様が来なくなり、一気に経営危機に陥ってしまうという経営環境ではない。他の業界と比べれば、競争原理が働きにくいし、お客様の厳しい選別の眼にさらされる事態も発生しにくい。

こうした〝売り手市場〟の環境は、そこで働く職員の危機感を鈍らせる。「まぁ、これでいいだろう」と油断し、問題が直視できなくなる。**危機意識が欠落すると、業務改善に向けた取り組みにも消極的になる。**管理監督者の立場にある人が、改善を働きかけても、職員たちはどこ吹く風。強く改善を要求すれば、「そんなことムリです!」「現場のこともわからないくせに!」などと、逆襲に遭うこともある。結果的に、問題は手つかずのまま放置される。こうなれば、もう組織は目も当てられない状態になる。停滞の罠にどっぷりとはまり、抜け出せなくなってしまう。

さて、あなたの職場はどうだろうか。この残念な特徴を示していないだろうか。確認は難しくない。過去五年間（あるいは三年間）、あなたの働く職場がどのような変化を遂げてきたか、どのような課題を克服してきたか、どのような業務改善に取り組み、成果を遂げてきたかを振り返れば把握できる。

もしあなたの職場が、着実にレベルアップが図れている状況にあれば、安心だ。成長し続ける職場として、今後もさらなる進化を遂げていく可能性が高い。もうすでに、あなたの職場には、頼れるリーダーが存在している。職場をあるべき方向に導くためのリーダーシップが十分に発揮されている。それが業務レベルの向上という成果を生み出す最大の要因となっている。

なぜ、そういえるのか。**業務レベルの向上は、チームや組織内で、健全な危機意識を育み、あるべき方向を示してくれるリーダーがいなければ、成し遂げられない**からだ。

## 2 「数年前と同レベル」は実質的にレベルダウンを意味する

成果を振り返った結果、もしレベルアップが図れていない現実が確認できた場合は、厳しい指摘をしなければならない。あなたの職場は、停滞の罠に陥っている公算が大きい。

時代の変化は目まぐるしい。かつては、制度や社会状況が大きく変わるには、少なくとも一〇年ほどの時間を要したが、今は短い期間であっという間に変化する。電化製品や情報関連商品などは、五年も経てば、かつての新商品が時代の〝遺物〟として忘れ去られるご時世だ。

変化の波にさらされているのは、福祉の世界も同じだ。制度、政策はここ十数年で大きな変化を遂げた。短いスパンで制度や政策の小さな見直しも行われているので、それに向けた対応もほぼ毎年のように必要になる。

苦情解決の仕組み、権利擁護制度、児童虐待防止法、障害者虐待防止法、高齢者虐待防止法など、利用者の権利を守るための法制度の整備が急ピッチで進められている。

こうした動きにより、社会が福祉サービスに求めるサービスレベル（要求水準）は、着実に高くなる状況が生じてきた。これは何を意味するか。福祉の世界も、数年前と同じレベルにあるのは、実質的にはレベルダウンとみなされる時代になったという事実を物語っているのだ。もはや、停滞に甘んじることが許されない環境にあることを示しているのである。

リーダーシップを発揮する立場にあるすべての職員はこの現実に真正面から向き合わなければならない。そのうえで、**自分が任されているチーム、部門、部署を停滞の罠から救い出すための行動を可及的速やかに起こすことが求められている**のである。

## 3 何が業務レベルの低下を組織にもたらすのか
### ―ある特定の危うい〝体質〟が組織に劣化をもたらす原因になる―

では、どうすれば、職場を業務レベルの停滞の罠から救い出せるか。そのためには、どのような組織的特徴を示すようになれば、職場が危うい状態に陥りやすくなるのか、理解する必要がある。危うさをもたらす組織的特徴がわかると、自分が働く職場がその特徴を示していないか、チェックが可能となり、病巣の早期発見、早期治療に取り組みやすくなる。

私は、これまで日本各地、数多くの福祉事業所を訪ね、各事業所にどのような組織的特徴があるか、調べてきた。業務改善へのアドバイスという形で、数年にわたり何度も何度も訪問し、詳細に組織的特徴をチェックした事業所も数多くある。そのような経験から、**業務レベルの低下が止まらない福祉事業所は、ある特定の危うい〝体質〟にどっぷりと浸かっている**という事実を把握した。それは、次に示す六つの〝体質〟である。

①閉鎖的体質
②相互無批判的体質
③マンネリに陥りやすい体質
④裏舞台で決められた〝暗黙のルール〟に基づく業務スタイル（接遇姿勢）に陥りやすい体質

⑤問題意識が希薄な体質
⑥固定観念に基づく誤った業務スタイル（接遇姿勢）に染まりやすい体質

続いて、それぞれの体質は具体的にどのような特性を示すのか説明しよう。

## 1　閉鎖的体質

閉鎖的体質には二つの側面がある。一つは**外部の目が届きにくい**という物理的閉鎖性に起因する特性。もう一つは、外部の目が届きにくいがために、その**組織のなかだけしか通用しない〝常識〟ができあがりやすい**という特性である。

閉鎖的体質に陥った職場では、職員の問題意識が大きく劣化する。不適切な業務が組織内では当たり前となっているので、不十分な業務水準に陥っていても問題だと思わなくなる。

外部から「問題だ」と指摘されても、「現場も知らないくせに勝手なことばかり言うな」と猛烈に反発する。指摘を謙虚に受けとめ、自分たちの業務を見つめ直すという行動を起こさない。いわゆる、心理的閉鎖性を示すようになる。

## 2 相互無批判的体質

これは、いいかえれば「見て見ぬふり」の体質を指す。不適切な働き方をする職員がいる。その事実を他の職員も把握しているのに、誰も注意せずに放置している。この状況が当たり前になると、どうなるか。不適切な行動を示す職員の言動はさらにエスカレートし、権利侵害と指摘されるような言動まで発展する。

**恐いのは、当初は少数の職員から始まった不適切な働き方が、他の職員にも〝伝染〟してしまう点だ。**知らず知らずのうちに、不適切な業務スタイルが組織全体に広がっていく。多くの職員が相互無批判にどっぷりと浸かると、もう誰も止められなくなる。たとえ、上級管理職であっても、容易に口が出せなくなる。集団で反発される事態が想定されるためだ。

こうした事業所に就職してくる職員は、極めてつらい経験をする。不適切な業務を繰り返す職員を見て愕然とし、就職の際にはもっていた福祉の仕事に対する期待感は、一気に雲散霧消する。夢破れて、短期間に職場を去る決意をする。

残った人のその後の職業人としての人生も、前途多難だ。この職場で生き残る手立ては二つしかない。一つは徹底的に闘いその体質を打ち破る。残念ながら、新任職員がこのチョイスを

選び、勝ち残るケースはほとんどない。多勢に無勢で力及ばず、打ち負かされてしまう。もう一つの手立ては、軍門に降《くだ》ることだ。不適切な業務に手を染める先輩集団の仲間入りを果たすとどうなるか。今度は自分が新たに就職してきた職員に圧力をかける立場になる。職場を去るか、軍門に降《くだ》るかを迫る張本人と化してしまう。

## 3 マンネリに陥りやすい体質

いつもの定型業務をただ漫然と繰り返し、継続的なレベルアップが図れなくなる。これが、マンネリに陥った職場の典型的な特徴である。

この体質に陥っている職場の多くは、**業務遂行姿勢が、利用者本位ではなく、職員主導型になっている**。職員がいかに手っ取り早く業務を終えられるか、いかに楽に業務を終えられるか、何のためらいもなく職員の都合を最大限優先する状況に陥っている。職員は以前から同じやり方で業務を行ってきたし、これまで問題を指摘されたことがないから大丈夫と高《たか》をくくっているが、実は、いつ辛辣な形で苦情が寄せられてもおかしくない状況となっている。あるいは、いつ虐待通報されても不思議ではないほど、低レベルの業務状況・接遇状況になっているケースもある。

## 4 裏舞台で決められた〝暗黙のルール〟に基づく業務スタイル（接遇姿勢）に陥りやすい体質

この体質は、事業所（あるいは法人）内に、利用者への言葉遣い、態度などの接遇姿勢を明記したマニュアル、各種業務の手順や方法を示した手順書などが整備されているのに、実際の業務にはほとんど活用されずに終わっている職場ではびこりやすい。この状況に陥った組織は極めて危険だ。管理監督者の目が届かない裏舞台で自分たちにとって都合のいい暗黙のルールを作りあげているケースが多いからだ。

**恐いのは、裏舞台で作りあげた〝暗黙のルール〟に基づく接遇姿勢や業務手順は明文化されていないという点。**具体的にどのような態度や姿勢で、どのような手順や方法で、職員主導型の不適切で低レベルな業務をするのか、どこにも記されていない。そして、〝暗黙のルール〟で業務を行っている職員集団は巧妙だ。管理監督者の立場にある職員が姿を見せると、一斉に態度を豹変させる。一時的に、ルール通りに業務を行っているかのような態度を示すため、不適切な業務が特定しづらい。

ただし、彼らが態度を豹変させるのは、組織が決めたルールや手順を無視した業務が行われるようになって、まだ日が浅いときだけである。〝暗黙のルール〟による業務実態が長期間継続的に行われる状態になれば、状況は大きく変わる。一部の職員によって始められた〝暗黙のルール〟に基づく不適切な業務スタイルが、チーム全体（部署全体）に浸透し始める。気がつけば、ほぼ全員が、同じような業務姿勢を見せるようになる。こうなれば、もう誰も止められなくなる。たとえ、管理監督者の姿を視認しても、どこ吹く風。堂々と低レベル業務を遂行するようになる。

リーダーは、〝暗黙のルール〟の強大な威力を軽んじてはならない。ここで油断をすると、明文化されていない誤ったルールが、チームや部署だけでなく、組織全体を蝕《むしば》んでしまう。一度、はびこると、除去が困難な強固な組織文化として根づいてしまうことがある。明らかに、権利侵害といえるような接し方をしていても、「これでいいんだ」「何が問題なのか」「他の職員だってこうやっているんだから」といったとらえ方をする職員集団ができあがってしまう。

## 5　問題意識が希薄な体質

問題意識とは、**「日頃当たり前に行っている業務を、徹底的に利用者の立場にたち、本当にこのままでよいのか、クエスチョンを投げかけ点検する。その結果、不十分な点がある場合は、解決に向けて行動を起こす」**という意味である。問題意識が希薄な体質に陥った職場では、日々の業務がただ漫然と繰り返されるだけで、クエスチョンが投げかけられることはない。業務のチェックが適宜行われていないので、不十分な状態が長年にわたって放置される状況となる。問題や課題が山積するだけで、レベルアップが図れない職場に成り果ててしまう。

## 6　固定観念に基づく誤った業務スタイル（接遇姿勢）に染まりやすい体質

ここでいう「固定観念に基づく誤った業務スタイル（接遇姿勢）」とは、高い専門性や科学的根拠に基づく考えではなく、思い込みや先入観、誤った見方や偏った見方で利用者や業務をとらえる姿勢を指す。支援を必要とする人を、「手がかかる」「言うことを聞かない」などマイナスかつネガティブな視点でとらえる。こうした不適切な視点で利用者や業務をとらえるので、接遇姿勢や業務レベルは目を覆うばかりの状況になる。

固定観念に基づく誤った業務スタイルに陥った職員に対して、適切な指導がなされなければ、さらに行動はエスカレートする。**不適切な姿勢は他の職員にも伝染し、やがて、多くの職員が不適切な業務姿勢、接遇姿勢に手を染める**ようになる。チームや部署、あるいは、事業所全体の体質という形で根づいてしまう。

## 4 「マイナスの体質」解消に向けた特効薬

「マイナスの体質」にどっぷりと浸かった職場の体質改善を図るには、リーダーシップを発揮する立場にある職員の決然たる姿勢と行動が必要になる。

では、どのような行動を起こすのか。ここでは二つのアプローチを紹介する。

一つは、**現実を直視し危機意識を共有するためのアプローチ**だ。「マイナスの体質」の恐いところは、知らず知らずにその体質にどっぷり浸かってしまうという点。マイナスの状態が「当たり前」になり、問題だと感じなくなる点にある。この状態から脱却するためのアプローチが現状直視の取り組みだ。

もう一つは**体質改善に向けたアプローチ**だ。「マイナスの体質」の罠から脱却し、組織が着実に成長を遂げていくようにするための取り組みである。私独自の表現でいえば、「**成長する組織文化**」を組織内で浸透させるというアプローチだ。組織（事業所）の継続的な発展と成長を組織文化として定着させる取り組みである。

なぜ、「成長する組織文化」の醸成を特効薬として、ここに提示するのか。理由は他でもない。組織文化は、所属メンバーを共通の価値観や行動様式などによって結束させ、チームワークを高める働きをするからである。**職場に健全な組織文化を根づかせるのは、リーダーが果たすべき何よりも重要な使命の一つ**であるからだ。

継続的に成長を遂げる組織文化を定着させれば、組織は停滞や業務レベルの低迷という「マイナスの体質」の呪縛から解放される。常に時代の一歩先を行く高品質なサービスを提供する事業所として、揺るぎない地位を業界内で築くことができる。職場に対する社会的評価が高まれば、所属する職員の士気は高まる。さらなる成長に貢献したいといった強い思いを抱くようになる。これが、組織のさらなる成長をもたらす原動力となる。

## 5 現実直視による危機意識共有アプローチ

それでは、まず第一のアプローチにチャレンジしよう。自分が働く職場が、「マイナスの体質」

に染まった職場に見受けられる「危うい兆候」を示していないかチェックしよう。やり方は簡単だ。「危うい兆候チェックリスト」に目を通し、当てはまっている場合は、チェック欄に✔点を入れる。✔点がたくさんつけばつくほど、どっぷりと「マイナスの体質」に浸かっている可能性が高い。✔点がついた項目が少ない場合も、油断大敵だ。内容によっては、極めて深刻な「マイナスの体質」を示すサインの可能性もある。速やかに改善に取り組み、✔点が外れるよう全力を尽くしてほしい。

## ✔ 危うい兆候チェックリスト

- □ ❶過去、三年間、職場がどのような点で成長を遂げたか、どのような改善に取り組み、どのような成果を示したか、明示できない。
- □ ❷職場内・部署内に、どのような課題や問題があるか、積極的にチェックするという取り組みが十分に行われていない。
- □ ❸日々の業務を振り返り、どのような成果をあげたか、どのような点が不十分であったか、振り返る姿勢を示す職員が少ない。
- □ ❹職場内あるいは所属する部署内で、自分が一人の組織メンバーとして、どのような形で業務レベル向上に貢献してきたか、問題解決や改善に貢献してきたか、明確に説明できない職員が多い。

□ ❺報告・連絡・相談が十分に機能しているとはいいがたい状況にある。

□ ❻業務日誌、介護経過記録、ケース記録、作業日誌、夜勤記録などを読んでも、実際に何があったのか、利用者のどのような行動に対して、どのような支援・介護・対応がなされたか、十分に理解することができない。

□ ❼自分の意見が言いにくい雰囲気が職場内に漂っている。

□ ❽同じようなミスが繰り返されることがある。

□ ❾支援が困難な行動を示す利用者への対応が、「適切である」と胸を張って言えない状況にある。

□ ❿不適切な働き方をする職員に対して、適切な指導がなされていない。

□ ⓫どのような姿勢で働くのか、どのようなルールを守ることが求められるのか、ルールがあいまいでわかりにくい。

□ ⓬決められたルールとは異なる形で行われている業務がある。

□ ⓭利用者本位サービスや最新の福祉理念から考えれば、正しいといえる業務を行っている職員が、他の職員から冷たい態度で批判される事態が発生している。

□ ⓮外部のフレッシュな目が職場内に入ってくることがあまりない。

□ ⓯利用者や家族の意見や要望をさまざまな方法を用いて積極的に拾いあげるという姿勢が

ない。

□ ⑯意見や要望を繰り返す利用者や家族に対して、冷たい対応をしたり、冷たい眼差しを向けたりする雰囲気がある。

□ ⑰確たる証拠もないのに、自分たちの職場は「いいケア」「いい業務」をしていると思い込んでいる雰囲気がある。

□ ⑱介護観、支援観、保育観などがバラバラで共通認識に欠ける雰囲気がある。

□ ⑲どのような利用者観をもって働くことが求められるのか、職場の方針が明確に示されていない。

□ ⑳施設長、部長、課長などといった管理監督職の立場にある人が、実際にどのようなレベルの業務が各部門、各部署内で行われているのか、的確に把握していない。

## 6 「成長する組織文化」の醸成と定着に向けたアプローチ

続いて、「成長する組織文化」の醸成と定着に向けた取り組みを紹介する。これは、五つのステップで構成される。

第一ステップでは、組織内（部署内あるいはチーム内）で具体的に何を成長させるのか、**達成目標**

**を明確にする作業**に取りかかる。職員全体で達成目標を共有する取り組みに着手する。ちなみに成長を目指すのは次の三点だ。

一つ目は利用者の期待の成長。利用者がサービスを利用することによって、自己の可能性の拡大を実感できる。できなかったことができるようになることが確認できる。ストレングスの部分を伸ばし、人生に対する期待を膨らませるようになる。尊厳を最大限重視した支援を受け、一人の人間としてこれからもリスペクトされながら生きていける。自分自身のプライドを維持し続けることができる。こうした観点からとらえた期待の成長を指す。

二つ目は、職員の成長。これは文字通り、職員が一人の職業人として成長を遂げることを指す。直接、支援や介護に従事する職員であれば、専門性を磨き、利用者のサービス満足度、いわゆる、カスタマー・サティスファクション（Customer Satisfaction）の向上に貢献できるようになることを指す。

三つ目は業務レベルの成長。これは相談援助・介護・看護・支援・保育・療育・リハビリ・事務業務など、福祉事業所で行われているすべての業務のレベルアップを指す。

何を具体的に成長させるか、目標が明確になったら、速やかに第二ステップに取りかかる。目標の達成に向けた**アクションプラン策定の作業**に着手する。

第三ステップは、**計画の遂行**である。

第四ステップは、**進捗状況の確認**だ。思うような成果が上がっていない場合は修正案の作成と実行に取りかかる。

第五ステップは**最終評価**の段階。いわゆる成果の確認である。ここで「マイナスの体質」の払拭が確認されれば、組織は継続的な成長を遂げる組織へと変貌を遂げたことになる。リーダーとして果たすべき役割を着実にやり遂げたと胸を張ることができる。

［参照文献］
・久田則夫「社会福祉施設利用者の権利擁護に向けた具体的指針――どのようにして権利擁護を誘発する『負の体質』との訣別を図るか」『別冊発達25　社会福祉法の成立と21世紀の社会福祉』ミネルヴァ書房、六二～七二頁、二〇〇一年
・久田則夫『どうすれば福祉のプロになれるか――カベを乗り越え活路を開く仕事術』中央法規出版、二〇〇四年
・久田則夫「どうすれば虐待や権利侵害行為との決別が図れるか――利用者本位サービス時代を担う事業所となるために取り組むべきこと」『介護福祉』第70号、一二六～一四〇頁、二〇〇八年
・Hafford-Lrchfield, T., Lambley, S., Spolander, G. & Cocker, C., Inclusive Leadership in Social Work and Social Care [Kindle Edition], Policy Press at the University of Bristol, 2014.

第3章

# セルフ・リーダーシップで“なりたいリーダー”への成長を遂げる

## —目指すべきは信頼と安心感をもたらす人—

1

# 〝なりたいリーダー〟のイメージからみえてくること

「社会福祉の組織で働くリーダーとして、あなたはどのようなリーダーを目指していますか」

もし、私が本書を手にするあなたに、この質問を投げかけたら、どのような返答を示してくれるだろうか。どのようなリーダー像を語ってくれるだろうか。

某年某月、ある県で実施した管理職員を対象とした研修会で、「どのようなリーダーになりたいか」、〝**なりたいリーダー**〟のイメージを問いかけると、興味深い答えが返ってきた。

「部下や後輩に、職員として何をするのか、チームとして何を実現していくのか、しっかりと進むべき方向を示せるリーダーになりたい」

「部下や後輩から、気軽に声をかけてもらえ、気兼ねなく意見交換ができるリーダーになりたい」

「部下や後輩から、『この人についていきたい』と思ってもらえるリーダーになりたい」

「部下や後輩から、信頼されるリーダーになりたい」

全国津々浦々、さまざまな都道府県で管理職研修あるいはチームリーダー職員（指導的立場にある職員）研修を担当しているが、どのようなリーダーを目指すか〝なりたいリーダー〟のイメージを問いかけると、どの地域でも、多くの場合、同じような返答が寄せられてくる。

こうした事実は何を物語っているのか。管理監督職あるいはチームリーダーとして働く人たちの多くが、リーダーとして果たすべき使命として、自分が担当するチーム・部門・部署がどの方向に進むべきか、常に適切かつ的確に方向性を示すことが重要だと認識している。部下や後輩と気兼ねなく意見交換ができ、思いを語り合える関係づくりが大切だと考えている。困っていることや悩んでいることがあるとき、臆することなく相談できる、スムーズなコミュニケーション関係を築きあげることが必要だととらえている。これらの取り組みを積み重ねることによって、日々の業務のなかでチームや部署内で困難に直面することがあっても、部下や後輩から「この上司であれば大丈夫だ。必ず解決できる」「この人についていけば必ず乗り越えられる」との思いを抱いてもらえるリーダーになることが必要だという強い思いが示されているのだ。

すなわち、多くの人たちが、〝なりたいリーダー〟となるために、次のような取り組みに着手しなければならないという思いを胸に抱いているとの重要な事実が判明したのである。

①チーム（部署、組織）が進むべき方向を明示し共有する。
②部下・後輩との関係において、思いを気軽に伝えあえる関係、気兼ねなく思いを表明しあえる関係を築きあげる。
③部下・後輩が「このリーダーであればついていきたい」と心の底から思える人望力を身につける。
④部下・後輩との関係において、相互に信頼しあえる揺るぎなき人間関係の構築を実現する。

## 2 インサイド・アウトの姿勢でリーダーシップを発揮する

### 1 〝なりたいリーダー〟像を引き出す

これらの〝なりたいリーダー〟のイメージは、彼らが私の研修に出る前から、強く抱いていたわけではない。研修で、問いを投げかけられて引き出されたものだ。講師である私からの問いかけを受けて、

「一体、私はどんなリーダーになりたいのだろうか」
「私はどんなリーダーになることを目指しているのだろうか」

と自問自答する。こうした取り組みを通して、内に秘めていた思いが顕在化されたのである。

私が研修の際に、「どのようなリーダーを目指していますか」という問いを投げかける理由はまさにここにある。心の奥に隠れており、本人さえも自覚していなかった、〝なりたいリーダー〟のイメージを引き出すためだ。自分はリーダーとして何を目指すのか、意識化してもらうためである。

周りにいる職員によい影響を与えるリーダーとなるためには、スティーブン・R・コヴィーがその著、『7つの習慣』のなかで示したように、まず、自分の内面と向き合い、自分自身をよき方向へと変えていくための一連の行動が必要になる。コヴィーはこれを**インサイド・アウト**という言葉

で表現している。**自己の内部**（インサイド）**にあるものの考え方、とらえ方、価値観などを確認し、正しい方向に変えていくこと。そのうえで、自己の行動をよき方向に変えていくこと。**これが、他者からの信頼獲得につながる。自己の外側（アウトサイド）に位置する他者やチーム・組織によき影響を与え、行動をあるべきよき方向に変えていく原動力となっていくのである。

## 2　変化への第一歩は常に自分から始まる

他者とよい関係を作っていくためのアプローチは常に自分から始まる。他者との関係がうまく築けないとき、相手に原因を求めるのではなく、自分自身が他者から厚い信頼を得る人になるべく行動を起こす。福祉の職場で働く場合も、同様のアプローチが必要不可欠だ。他のメンバーとよい関係が作れないとき、他者に原因を求めるのではなく、自分の他者との関わり方をまず点検する。その結果、あらためるべき点が確認できた場合は、自己変革に取り組んでいくようにする。

業務内容の改善を図る際も、こうした姿勢を貫く。うまくいかない原因を他者に求めようとしない。まずは、自分自身の業務に対する取り組み方を精査し、必要があれば、即座に改善に向けて行動を起こす。そのうえで、他者にアプローチをかければ、よいリアクションが得られる可能性が極めて高くなる。抵抗感なく、改善への提案を受け止めてもらえるようになる。

3

## セルフ・リーダーシップの推進

### ――他者によき影響を与えられるリーダーになるために、まず自分自身をよき方向に導く――

よきリーダーを目指すのであれば、周りの状況をよき方向に変えていく起点は、常に自分自身にあるというインサイド・アウトの考え方を貫かねばならない。周り（アウトサイド）が変われば、自分も変わるといった他者依存（アウトサイド・イン）の考え方には決して陥らないようにする。

そうした姿勢を身につけたリーダーになるには、自分はそもそも何をしたいのか、何を大切にするのか、自己と向き合うことが必要になる。〝なりたい自分〟のイメージを明確にし、そうなるためには自分はどのような行動を起こすことが求められるのか、熟慮することが求められる。

こうしたアプローチによるリーダーシップの形態を、セルフ・リーダーシップ（Self-Leadership）と呼ぶ。これは、**周りの状況に対してよき影響を与えられるリーダーとなるために、まず自己に対してリーダーシップを発揮し、自分自身をよき方向に導いていく**という考え方に基づいている。人がコントロール可能なのは自分自身だ。誰も他者を完全な意味でコントロールできない。自分をコントロールし、よき方向、よき行動に導く。自分がよき方向へと着実に変革を遂げたうえで、周りにアプローチをかければ、周りも意見や考え方を受け止めやすくなる。

セルフ・リーダーシップは、他者を完全にコントロールすることはできないが、自分が自分自身にリーダーシップを発揮し、よき考えとよき行動を手本として示すことによって、他者の自分に対する反応の仕方、自分の考えに対する受け止め方は変えることができる、という考え方に基づくものである。

〝なりたいリーダー〟のイメージに関する問いかけは、セルフ・リーダーシップを発揮するリーダーになるための働きかけである。自己をあらためて見つめ直し、〝なりたいリーダー〟のイメージを自分のなかで「見える化」する。そのうえで、〝なりたいリーダー〟になるために、どんな行動を起こすか、アクションプランを立案し、着実に行動を起こしていく。それが、チームや部署に所属する職員によき影響を与える。リーダーの行動をポジティブに受け止め、正しいリアクションへと導く原動力になる。一人ひとりの職員が動き出せば、組織全体（部署・チーム全体）も動き始める。組織レベルでの変化が実現できるようになる。

## 4 要注目！〝なりたいリーダー〟のイメージは、部下・後輩が求めるリーダー像と一致している

ここである重要な事実をお知らせしよう。それは、リーダーが心のなかで抱く〝なりたいリーダー〟のイメージは、部下や後輩がリーダーに「こうあってほしい」と願うリーダー像と重なっているという事実である。

職務経験が浅い福祉職員を対象とした研修会で、私が参加者に向かって、「あなたにとって、どのような先輩や上司が理想のリーダーですか。こんなリーダーがいてくれるとうれしいと思うリーダー像を自由に示してください」と問いかけると、チームリーダーや管理職員が示した〝なりたいリーダー〟と同じようなリーダー像が、必ずといっていいほど、理想のイメージとして示される。具体的には、「職員が一致協力して進むべき方向を示してくれるリーダー」「部下の話をきちんと聞く姿勢をもち、いつでも気軽に相談ができるリーダー」「心の底からついていきたいと思う信頼感あふれるリーダー」といったリーダー像が理想のイメージとして数多く示される。

この点は、すでにリーダーとして働いている人にとっては朗報である。自分自身が「こうありたい」と願うリーダー像は部下や後輩の願いと一致している。つまり、部下や後輩と共有可能な、あるべきリーダーのイメージをすでに把握していることを意味する。

ただし、油断は禁物だ。部下として働く人たちに、「あなたが働く職場の上司はどうですか。『こうあってほしい』上司のイメージと合致していますか」という質問を投げかけると、「残念ながら、理想のイメージからはほど遠い」「上司も本人なりに頑張っていると思うのですが……」といった厳しいコメントが寄せられるケースが極めて多い。

福祉の職場でリーダーとして働いている人は、この厳しい指摘を重く受け止めなければならない。自身が「こうありたい」と願う〝なりたいリーダー〟となるために、同時に部下がこんなリーダーになってほしいと願うリーダーになるためには、「今すぐに、行動を起こす」強い決意と覚悟が必要だ。期待に応えるリーダーになるために、可及的速やかに着実な一歩を踏み出すことが求められているのだ。

## 5 なりたい理想のリーダーになるための第一歩は自己直視から始まる

では、どのような取り組みに着手すれば、そのようなリーダーのイメージに近づけるのか。

そのための第一歩は、今、リーダーという立場でチーム（部署、事業所全体など）の運営に携わっている自分自身と真正面から向き合う取り組みから始まる。これまで自分は〝なりたいリーダー〟となるために、どのような取り組みに、どのような手順や方法で着手し、その結果、どのような成果・実績をあげてきたか、自己チェックする。

具体的には、徹底的に部下や後輩の立場にたったうえで、次のような問いを自分自身に投げかけ、自己評価を書き出すという取り組みに着手する。

①「チーム（部署、組織）が進むべき方向を明示し共有する」という点について、これまでどのような取り組みに、どのような手順や方法で着手し、どのような成果・実績をどの段階まであげてきたか。
②「部下・後輩との関係において、思いを気軽に伝えあえる関係、気兼ねなく思いを表明しあえ

る関係を築きあげる」という点について、これまでどのような取り組みに着手し、どのような成果・実績をどの段階まであげてきたか。
③「部下・後輩が『このリーダーであればついていきたい』と心の底から思える人望力を身につける」ために、これまでどのような取り組みに着手し、どのような成果・実績をどの段階まであげてきたか。
④「部下・後輩との関係において、相互に信頼しあえる揺るぎなき人間関係の構築を実現する」という点において、これまでどのような取り組みに着手し、どのような成果・実績をどの段階まであげてきたか。

問いを投げかけ、自己評価をした結果、十分な成果・実績をあげてきたとの事実が確認できた場合は、どうするか。結果が出ているので「このままでいい」と判断するのは早計だ。より高い成果・実績を生み出すためにはどのような取り組みに挑戦するか、チャレンジ目標を作成する。より高い目標達成に向けて行動を起こすという姿勢を明確に示す。

なぜ、望ましい成果・実績をあげているのに、より高いレベルにチャレンジする姿勢が求められるのか。**今あげている成果・実績は、過去の行動で導き出されたものだ**。今、クリアすることが求められる業務基準は過去よりも着実にあがっている。今後、クリアが求められる基準も、常にあがり続ける。強い組織を作りあげるには、より高いサービスの実現に向けてチャレンジし続けることが求められるのである。

# 6 不十分な点が確認できた場合の対応法

## 1　原因を明らかにしてアクションプラン（行動計画）を練る

自己評価の結果、不十分な成果・実績にとどまっている場合は、何が原因で不十分な状況になっているのか、原因を明らかにする作業に着手する。そのうえで、十分な成果・実績をあげていくために、いつからいつまでに、どのような手順や方法で、何を修正し、何に取り組んでいくのか、アクションプラン（行動計画）を練りあげる作業に取りかかっていく。

「①チーム（部署、組織）が進むべき方向を明示し共有する」という点が不十分で、その原因が、リーダーとして働く自分自身が、チーム（部署、組織）が進むべき方向を理解していないことにある場合は、どうすればよいか。まず着手しなければならないのは、進むべき方向の把握である。所属する事業所が法人としてどのような運営理念や運営指針を掲げているのか、どのような中長期目標、短期目標を掲げているるか、確認する。

続いて、自分がリーダーの立場になっているチームや部署が掲げる中長期目標、短期目標を確認する。方向性が明確になり次第、チーム（部署、組織）内の部下・後輩に伝える作業に取り組む。もちろん、その際には、部下・後輩が理解できるよう、わかりやすく伝える工夫を最大限行う。

進むべき方向の把握には、学びが必要なケースがある。その例として、所属する事業所が、利用者の権利を守ることを行動指針として掲げているケースを考えてみよう。この場合、部下・後輩に、「利用者の権利を守ろう」と伝えるだけでは、すべての職員が一致団結して行動を起こす共通の指針にはなりづらい。具体的に、どのような権利を守るのか、明示しながら、部下・後輩に伝える努力が必要となる。

利用者本位サービスという観点からすれば、利用者に対して、サービス提供に携わる人が、保障に向けて全力を尽くさなければならない権利は次のように整理できる。

Ⅰ 質の高いサービスを受ける権利
Ⅱ 個別ニーズに基づく支援を受ける権利
Ⅲ 知る権利
Ⅳ 自己決定・自己選択権
Ⅴ 利用者がすでに有している力を適切な支援によって維持していく権利
Ⅵ 適切な支援を受けながら新しい何かにチャレンジする権利
Ⅶ 意見・要望・苦情を表明する権利
Ⅷ プライバシーに関する権利
Ⅸ 一人の人間としてリスペクトされる権利

これらの権利が把握できれば、利用者の権利を守るために何をすべきか、部下・後輩に明確な指針が示せる。部下・後輩の立場からいえば、自分たちが何をする必要があるか、把握が容易になる。権利を守るための行動を着実に起こせるようになるし、「このような成果をあげました」と胸を張れる実績があげられるようになる。

例えば、Ⅷの「プライバシーに関する権利」について考えてみよう。もし利用者の着替えを支援するという場面で、第三者から見えるような形で着替えが行われている実態があるとすれば、プライバシーに関する権利が守られていないのは明らかだ。修正しなければいけないという思いが、組織内（チーム内）で共有できる。改善に向けた行動へと結びつけることができる。

Ⅸの「一人の人間としてリスペクトされる権利」も職員間で共有することによって、修正やレベルアップに向けた取り組みに着手しやすくなる。高齢者や成年に達した障害者に対して、大人としての尊厳を軽視するかのような言葉遣いや姿勢が見受けられる場合には、改善に向けた行動が起こせるようになる。

## 2　職業人としての基本的姿勢を再確認する

「②部下・後輩との関係において、思いを気軽に伝えあえる関係、気兼ねなく思いを表明しあえる関係を築きあげる」という点が不十分な場合は、何が原因で、部下・後輩と思いを伝えあえない状況になっているか、精査することが必要となる。原因が、部下・後輩の声や思いに真摯に耳を傾ける姿勢が示せていない点にある場合は、コミュニケーション技法について学び、適切な傾聴の姿勢を学ぶよう努めなければならない。

傾聴の際の基本は、常に相手の立場にたって考えること。**もし自分が部下・後輩であれば、どのような態度、姿勢、表情で話を聞くと、心地よく話ができるという印象を受けるのか。十分に話を聞いてもらったと感じるか。**こうした点を相手目線で考えたうえで、聞く姿勢の改善に努める。

ともに働く同僚、部下、後輩と厚い信頼関係を築くためには何が必要か、十分な知識がないという点が明らかになった場合は、信頼関係の構築に向けた知識と技術の習得が喫緊《きっきん》の課題となる。

「③部下・後輩が『このリーダーであればついていきたい』と心の底から思える人望力を身につける」という点が不十分な場合は、どうするか。まず自己の業務レベルの向上に向けて行動を起こすことが必要になる。一つ一つ順番に業務レベルの向上を図っていく。どの業務から自分磨きに取りかかればよいのか迷う場合は、利用者への言葉遣い・態度、他職員への言葉遣い・態度、基本的姿勢（あいさつ、表情、身だしなみ、立ち居振る舞い）といった職業人としての基礎力強化から始めるようにしよう。

## 3　相手を「認める」「感謝する」「ねぎらう」姿勢の習得

「④部下・後輩との関係において、相互に信頼しあえる揺るぎなき人間関係の構築を実現する」という点が不十分な場合は、③のケースと同様に、他の職員に接する際の基本的態度のチェックに取りかかる。不適切な部分がある場合は、すぐに改善に向けた行動を起こす。

続いて、取り組んでほしいのは、安心感を与える基本姿勢の習得だ。相手を大切にしているということがわかるような接し方を覚えることだ。ここでは、最も効果的でシンプルな方法を紹介する。それは、部下・後輩の働きや存在そのものを**「認める」「感謝する」「ねぎらう」**ことを接する際の基本とするという方法だ。日々接するすべての人に、この基本姿勢で接する。相手に、自分が心から「認める」気持ち、「感謝する」気持ち、「ねぎらう」気持ちが伝わるよう行動を起こす。

例えば、連絡ノートを書いてくれた後輩職員がいる場合、連絡事項のところに、「連絡ありがとう！」と書き込んだ付箋紙を貼り、感謝の言葉を伝える。もちろん、勤務中、すれ違いざまに、「連絡ノート、読みましたよ。ありがとう！」と直接伝えるのもよい。出勤時に他の職員に笑顔であいさつするのも効果的。あいさつは相手の存在を大切に思い、認めているというメッセージを送る行為であるからだ。

## 7 安心感の醸成が職員成長と業務レベル向上の原動力となる

こうした取り組みに着手するのは真の意味でのリーダーになるためである。ただし、目的はそれだけではない。部下・後輩として働く職員が安心して働けるチーム環境（組織環境）を築きあげるためである。「進むべき方向がよくわからない」「安心して相談できる人がいない」「ついていきたいと思う人がいない」「相互に信頼しあえる人間関係ができていない」という職場環境では、人は安心して働くことができない。不安で心が覆い尽くされ、思考力や判断力が十分に機能しなくなる。いつ、何を、どんな手順や段取りで、どのような形で行っていくのか、考えを巡らすことが困難になる。もてる能力を存分に発揮できず、自己嫌悪に陥ったり、自信喪失状態に陥ったりする。不安感がチーム内に蔓延し、多くの職員が十分に力を発揮できない環境になれば、事業所全体がレベル低下の状況に陥っていく。

〝なりたいリーダー〟となるための取り組み、そして、部下・後輩が願うリーダーとなるための取り組みに、今、リーダーシップを発揮する立場にあるすべての人が着実にとりかかっていかねばならない理由はまさにここにある。誰もが安心して自己の能力を発揮する環境を作りあげるために、可及的速やかに、〝なりたいリーダー〟となるための行動を起こすことが求められているのである。なぜなら、**自らが責任をもつチーム・部署・組織のなかに、心の底から実感できる安心感をもたらす**ことが、リーダーが果たすべき最も重要な使命の一つだと断言できるからだ。

【参照文献】
・スティーブン・R・コヴィー『7つの習慣――成功には原則があった!』キングベアー出版、一九九六年
・スティーブン・R・コヴィー『7つの習慣――デイリー・リフレクションズ――日々「7つの習慣」に生きる』キングベアー出版、二〇一六年（Kindle版）

・フランクリン・コヴィー・ジャパン『７つの習慣 プライベートコーチ――レッスン１ 主体的にいこう』キングベアー出版、二〇一五年（Kindle版）
・Manz, C. C. & Neck, C. P., Mastering Self-Leadership: Empowering Yourself for Personal Excellence, Englewood Cliffs, NJ: Prentice Hall, 2009.
・McKitterick, B., Self-Leadership in Social Work: Reflections from Practice, Bristol: Policy Press, 2015.
・Patterson, K., Grenny, J., McMillan, R. & Switzler, A., Crucial Conversations —— Tools for taking when stakes are high., Maidenhead: McGraw-Hill, 2002.
・Holroyd, J. & Brown, K., Leadership and Management Development for Social Work and Social Care: Creating Leadership Pathways of Progression, Learn to Care, 2011.

第4章

# 注意できないリーダーのもとでは人は育たず劣化する

## ―困った行動を示す部下・後輩から逃げない―

## 1 もしあなたの職場でこんなことが発生したらどうするか

あなたの職場で、もし職員が次のような対応を利用者に示したら、あなたはどうするだろうか（以下のケースは、名前も含めてすべて架空である）。

### ケース1

某年某月某日、昼食時間のことである。特別養護老人ホームで介護職員として働くAさん（女性、三九歳、経験年数一五年）は、食事の席に着かず、居室に戻ろうとする認知症の利用者（男性、八二歳）にこう声をかける。「ほら、ケンちゃん。ダメよ。そっち行っちゃ。ご飯だから、こっち来る！　はい、こっちおいで！」。

### ケース2

某年某月某日、午前一〇時一〇分。知的障害者通所施設（就労継続支援B型）で働くBさん（男性、三六歳、経験年数一〇年）は、組みたて作業中、突然手が止まり、作業ができなくなった自閉症のC

さん（男性、二二歳）に強い口調でこう声をかける。「ほら、何やってんだよ。ダメだろ。ちゃんと、手を動かす！」。Cさんは、「うー、うー」と唸るような声をあげ、机を2度、両手でバンバンと叩き、身体を前後に激しく揺すり始めた。その姿を見たBさんは、こんな言葉をCさんに浴びせる。「おい、何やってんだよ。もういいよ。作業やりたくないんだったら、帰れよ！」。

## ケース3

某年某月某日、午後一五時三〇分。ユニットケア型の特別養護老人ホームで働くDさん（女性、四二歳、経験年数八年）は、足腰が弱くふらつきがある認知症のEさん（女性、八五歳）がイスから立ちあがろうとしたとき、こう声をかける。「ほら、ダメ、立っちゃ！」。Eさんは立ちあがるのをやめ、イスに座り直すが、一〇秒もしないうちに、また立ちあがろうとする。Dさんは、即座にこう強く声をかける。「ダメ、立っちゃ。お座り！」。

こうした事態が発生したら、おそらくあなたは、速やかに、当該職員と向き合い、行動をあらためるよう、毅然たる態度で注意するだろう。三つのケースとも、一人の人間としての尊厳を根こそぎ奪い、威圧的、指示的、命令的、叱責的な言動で接する権利侵害事例とみなせるからだ。

## 2 どうして権利侵害事例といえるのか

なぜ、これらが権利侵害事例といえるのか。念のために、説明を加えよう。

ケース1は、利用者の尊厳を無視した対応がなされているのは明らかだ。居室に戻ろうとする利用者の行動の意味に思いを寄せることなく、介護職員が自分の都合で利用者を動かそうとしている。言動は命令口調、指示口調。利用者の名前を呼ぶとき、「○○ちゃん」と子ども扱いする呼称を使用している。

直接、利用者と接する業務を行う職員のなかには、「ちゃん付け」での呼称は親しみや信頼関係の証しであるから問題ない、と主張するケースがあるが、リーダーはその説明に屈してはならない。「さん付け」の呼称で親しみのある関係は築けるし、信頼をベースとした関係づくりも可能だ。**福祉を専門とする人にまず求められるのは、利用者に対するリスペクト**である。「○○さん」との呼称を用いて、リスペクトの気持ちを伝えつつ、親しみが伝わる接し方をすることが求められているのである。

ケース2も、明らかに利用者の尊厳を軽んじた不適切な対応が行われている。利用者がなぜ作業中、手を止め作業ができない状態になったか、その原因に思いを寄せようとしていない。職員の不適切な対応によって、興奮状態になった利用者に「帰れよ！」と怒鳴り声をあげている。

利用者にとって必要だったのは、心穏やかに過ごせるようなサポートだ。明確に示すことができない思いに心を寄せてもらうことが必要とされていたのである。利用者が作業中、手を止めたのは、ＳＯＳのサインである。サポートしてほしいことがあるとのサインである。そのサインを的確にとらえ、利用者が安心して過ごせるようなサポートを提供することが求められていたのである。

ケース3は言葉によって、安易に利用者の行動をコントロールしようとした不適切事例である。言葉による拘束事例とも表現できる。大切なのは、利用者がどのような思いで立ちあがろうとしたのか、心を寄せること。何もやることもなく、なぜ自分がここにいるのか、わからない。こうした状況が、利用者を不安にし、イスから立ちあがるという動作を起こさせるきっかけとなる場合がある。介護の世界でプロとして働く職員であれば、利用者に寄り添い安心感を与える関わりを優先すべきである。

本ケースの最大の問題は、利用者にかけた「お座り！」という言葉だ。利用者の人としての尊厳を踏みにじる著しい権利侵害行為である。日常的な生活場面で、人に対して、「お座り！」と強い調子で言葉を発した経験がある人はまずいない。経験のないことが、「つい、うっかり」出てしまうとしたら、原因は一つに絞られる。利用者を一人の人間としてみる感覚がどこかで失われてしまっているのだ。リーダーは、毅然たる態度で、二度と同じような言動に及ぶことがないよう適切な指導を実施しなければならない。

3

## 福祉の実践現場では、不適切事例・権利侵害事例に十分な対応がなされず放置されていることがある

これら三つのケースは、実話に基づく架空事例である。高齢者福祉や障害者福祉の領域では絶対に起こりえない、特殊事案を架空事例として作ったもの、といいたいところであるが、実は違う。現場と関わりをもつと、ごく頻繁に見聞きする事例をベースに作成している。

読者のなかにも、「あー、うちにもこんなことがある」という思いが脳裏をかすめ、ドキッとした人がいるに違いない。だから、あえて、こんな問いを本書を手にするすべての人に投げかけたい。

＊　＊

「あなたの職場では、不適切な行為を行った職員に対して、二度と同じことを繰り返さぬよう、適切な対応が取られているだろうか」

「もしこれまでのキャリアのなかで、不適切な行為に手を染めた部下・後輩がいた経験がある人であれば、そのとき、あなたは当該職員に対して、毅然たる態度で向き合っただろうか。二度と同じような誤った接し方をしないよう適切な指導ができただろうか。その結果、二度と同じような行為を示さなくなったという成果をあげることができたであろうか」

＊　＊

もし、十分な対応ができていない状況にあるのならば、すぐに行動を起こさなければならない。注意すべきときに、正しく適切な手順や方法で注意する。叱るべきときに、正しく適切な手順や方法で叱る。そのスキルを身につけなければならない。放置すれば、悪しき行動、あるいは、不適切な行動は悪化の一途をたどるようになる。取り返しがつかないレベルまで進んでしまう。**恐いのは、悪しき接遇スタイルは極めて〝伝染性〟が高いという点。**管理監督者、部長、課長、主任などの立場にある職員が気がついたときには、多くの職員が同じような誤った対応をするようになっていたという例は枚挙に暇《いとま》がない。

そうなれば、改善は至難の業。困難を極める状況になる。だからこそ、リーダーのポジションにある職員には、その状況に至る前の速やかな行動が求められるのである。

## 4　不適切な行為に手を染める人たちが示す典型的な思考・行動特性を理解する

そのための一歩として、まず取り組んでほしいのは、悪しき業務姿勢、不適切行為、権利侵害行為に手を染めてしまいやすい人たちが共通に示す典型的な思考・行動特性の把握だ。どのようなものの見方や考え方、行動特性が、不適切な行為につながりやすいか。この点がわかれば、防止や修正に向けた糸口が把握できるようになる。福祉職員として共有すべき正しいものの見方、正しい考え方、正しい行動特性の習得に向けて、どのように指導していくか。その方法を把握するヒントをつかむことができる。

業務改善指導等の依頼を受け福祉現場を訪ね、不適切な行為に手を染めた職員の特性に関するデータを集めてみると、彼らが示す思考・行動特性には次のような共通点があることがわかった。

## 5 悪しき業務姿勢・不適切行為・権利侵害行為に陥りやすい職員の特性

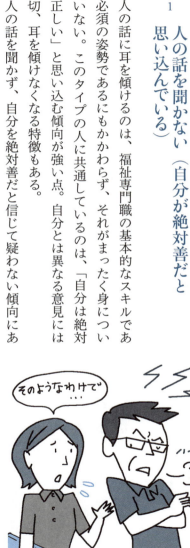

### 1 人の話を聞かない（自分が絶対善だと思い込んでいる）

人の話に耳を傾けるのは、福祉専門職の基本的なスキルであり必須の姿勢であるにもかかわらず、それがまったく身についていない。このタイプの人に共通しているのは、「自分は絶対に正しい」と思い込む傾向が強い点。自分とは異なる意見には一切、耳を傾けなくなる特徴もある。

人の話を聞かず、自分を絶対善だと信じて疑わない傾向にあ

る人は、その他の特徴として、次のような極めて危うい側面をあわせもっている場合もある。

・思い込みが極めて激しい。
・極端かつ過激な考え方を有している。
・人間観、高齢者観、障害者観、子ども観、支援観、介護観、保育観などが、明らかに偏っており、福祉倫理から大きく逸脱した言動を繰り返す。

## 2　他者からの注意を謙虚に受け止められない

業務手順や方法、接遇などに問題があると他者から指摘されると、即座に〝攻撃〟だと解釈してしまい、受け止められない。自分に対して何らかの「悪意をもっている」と解釈するため、指摘されるような事実が自分の行為のなかになかったか、振り返ることもできない。

指摘されていることが的を射ており、自分自身も不適切な行為をしていると自覚している場合であっても、素直に自分の非を認めるわけではない。一人でも同じような行為を示す仲間がいる場合は、「なぜ私だけを注意するのか！」と猛烈に反発する姿勢を示す。実はリーダー職員は、同じような行為をしている他の職員に対しても他の職員から見えないように毅然たる態度で注意しているのに、それを知らない職員は「私だけを標的

にして注意している」などと批判や糾弾に終始し、自己の行為を決して直視しようとしない。

## 3　これまでのやり方を踏襲《とうしゅう》することに極度に執着する

こうした特性を示す人は二つの類型に分類できる。

第一は、一人の職業人としてこれまでどんな成果をあげてきたのか、明確な実績を示せない人たち。これまで漫然と業務をこなしていたため、なぜ今のやり方が正しいのか、説明できない。たとえ「今のやり方はまずいかな」との思いはあっても、「変えるのは面倒だ」という思いが強く心のなかにあるため、抵抗感を示す行動に走ってしまう。

第二は、利用者の思いやニーズよりも、自分たちの都合を優先した業務パターンにどっぷりと浸かってしまった人たち。実は、彼らは、自分たちの業務は完璧で問題がないと思い込んでいるのではない。今、求められる介護や支援、接遇の水準からいえば、低レベルの業務状況で問題があると自覚している。そのため、業務の見直しの動きがあると、これまで自分たちが作りあげた悪しき業務スタイルが白日の下にさらされ強い批判を受けるのではないか、という強い不安感に駆られる。それが、彼らを徹底抗戦の姿勢に走らせる原因になっている。

## 4　チャレンジ精神・向上心がない

不適切な業務にどっぷりと浸かりやすい人は、何か新しいことにチャレンジするという姿勢を示さない。これまでの業務パターンや業務スタイルに安住しようとする。知恵を絞ったり、工夫したりする必要もなければ、新しい知識や技術を身につける取り組みにも着手しなくてよいからだ。

そのため、向上心をもった人が張り切って、何か提案すると、猛反発する。モチベーションを根こそぎ打ち砕くような対応をする。「何かあったらどうするんだ」「失敗したらどうするんだ！」「責任を取れるのか！」などと詰め寄るような態度を示し、新たな動きを封印する。こうした言動を繰り返し、低レベルの業務状況に安住しようとする。

このタイプの職員は、チャレンジ精神や向上心をもった職員をつぶしにかかり、自分たちの仲間に引き入れてしまうこともある。仲間が増えれば自分たちの地位がより強固なものになる。チャレンジ精神や向上心がない状態で働いても、批判を受ける可能性を最小限に抑え込めるからだ。

## 5　「時間がない」「忙しい」「人が足りない」を大上段に振りかざし、業務の改善や新しい提案をつぶしにかかる

不適切な業務手順や方法、利用者に対して不適切な接し方をする人は、「時間がない」「忙しい」「人が足りない」をことさら強調する傾向がある。誰かが業務の改善や見直しを要求すると、血相を変えて反論。「そんなこと言ったって、時間がない」「そんなこと言ったって、忙しい」「そんなこと言ったって、人が足りない」との発言で抵抗し、新しい提案を即座につぶしにかかる。

福祉の現場に、「忙しい」「時間がない」「人が足りない」状況が存在するのは事実である。しかし、業務手順やこなし方に問題があるために、多忙な状況が生み出されているケースも少なくない。変革への取り組みは、業務負担を増加させるためではなく、現状を見直すことで業務の効率化を促し、負担を減らすためにある。この点に対する理解が不十分なために、変化を拒む姿勢を強く打ち出してしまうのである。

## 6　新たな知識やスキルを身につける姿勢が欠落している

福祉の職場である程度の経験年数はあるが、ただ年数を積み重ねただけで、専門職と呼ぶにふさ

わしい適切かつ十分な知識や技術を身につけていない人は、業務レベル低下の罠に陥りやすい。

認知症、自閉症、知的障害、発達障害、精神疾患等に伴う行動障害を示す利用者に対しては、威圧的、指示的、叱責的な態度で対応し、力で抑え込もうとする。言葉遣いは乱暴で、相手を威嚇するような言動を示す。排泄ケアや着替えの場面で、ドアをきちんと閉めず第三者から丸見えの状態で介護したり、相手の排泄状況を大きな声で口に出したりするなど、相手のプライバシーへの配慮に欠けた介護を行うようになる。介護や支援のあらゆる場面で、相手の尊厳やプライドを根こそぎ奪うような接し方を示すようになる。

これらの行為が、誰からも注意されずに放置されると、明らかな権利侵害行為あるいは虐待行為へエスカレートしていく。

## 7　小手先の変化では意味がないと主張し、改善への取り組みを全否定する

この姿勢を見せる人は、「そんな些細な見直しに取り組んでも、大きな変化は実現できないのだから、やらないほうがまし」「完璧な変化をもたらすものでなければ、取り組んでも意味がない」などといった言動が得意だ。完璧な改善であれば取り組むかのような発言を繰り返し、完璧主義を装っているが、実は、それを隠れ蓑にして、何もしない口実にしているだけである。

完璧でないとやる意味がないというのは口先だけの発言で、本音は、現状維持。「誰が何と言おうとも現状を変えるつもりなどない」との姿勢を貫くところにある。たとえ、不適切な業務があろうとも、その状態を何としてでも維持する。悪しき状態をそのままにするとの姿勢を示しているのである。

## 8 「みんなからこう言われたからこうした」という姿勢を示す

これは、何が正しいのか、どうすることが適切なのか、考えながら仕事を行うことができない人が示す典型的な姿勢だ。他の人が言うことを鵜呑みにし、ただ周りに染まるだけで、自分で考えて行動を起こす業務姿勢が身についていない。正しくないことでも、他者から言われれば、「このやり方でいいんだ」と思い込んでしまう。

このタイプの人は、ごく少数の職員から指示されたことを、「みんなからこう指示された」と勘違いすることも多い。本人は「みんなからこう言われたから、こうした」と思っていることが、実は、ごく一部の職員から言われたことで、みんなではなかった

例が数多くある。

「みんながこうしているから、こうするようになった」と本人が主張するケースも、実は、不適切なお手本を見せたのはごく一部の職員であった、というケースが多い。

本人はみんなが示す行動を真似したり、指示に従ったつもりになっているが、実は違う。**ごく一部の心ない職員の指示を、みんなが共有する考えだと思い込み、間違った働き方をする。**それがエスカレートして、権利侵害に発展するケースもある。

## 9　感情コントロールができない

不適切な業務に手を染める人は、感情コントロールができず、カッとなりやすいという特徴がある。プライベートなことから生じたイライラを職場にもちこみ、他者に当たることも平気で行う。感情の起伏が激しいために、職員も利用者も近寄りがたく声をかけにくい存在になっているケースが多い。マイナスの感情に支配されているときには、言葉遣いが荒くなり、威圧的、指示的、命令的、叱責的になる傾向が強い。攻撃的な言動を繰り返す場合もある。

10

## いかに自分が楽をするか、いかに自分の思い通りの業務を行うか、ということばかりを優先する

このタイプの人は、自分がいかに楽をするか、いかにして自分が思い描いているようなパターンで業務をこなすか、という点ばかりを優先する。プロとしてよい仕事をするという発想が欠落している。

気忙《きぜわ》しい動きが得意で、一見すると、熱心に業務に勤しんでいるように見える場合もあるが、よくその人の動きを観察すると、楽な仕事ばかりを抱え込み、困難な仕事は人に押しつけるという働き方をしている。やむを得ず心理的あるいは身体的に負荷のかかる業務を行わなければならない状況が生じたときは、不機嫌な態度をあからさまに示す。直接介護や支援業務などの場合、利用者を無理やり力で動かすような態度で介護する。食事介護の場面で、急かすような態度で介護する。思うように動いてくれない利用者がいると、平気で「早く!」「ほら、そうじゃない。こっち!」と不適切な言動を浴びせることもある。

## 6 防止策を講じる

不適切な行為に陥りやすい人たちの特徴を把握すれば、防止策に向けた取り組みに着手できる。まずおすすめは、**部下・後輩に、当該事業所でどのような職員になることが求められているのか、「目指すべき職員のイメージ」を明確に伝える**という取り組みだ。職員会議をはじめとしたミーティングの時間や職場内研修の一部の時間を使って、具体的イメージの伝達に努める。

「目指すべき職員のイメージ」は、不適切な業務に手を染めやすい人の思考・行動特性とは反対の思考・行動特性を例示すればよい。具体的には次の表（90〜91頁参照）で示す。

続いて取り組まなければならないのは、**接遇や業務姿勢に関する職場内の決め事の伝達だ**。あわせて、各種業務の取り組み方とその際に遵守すべき事柄、留意すべき事柄を伝達する。手順書、規程などに基づいて、どのような態度や姿勢、手順で業務を行っていくのか、説明を加えていく。

不適切な行為に手を染める職員が出てくる最も大きな原因の一つは、職場内の決め事、業務遂行上のルール、手順書などが、十分な形で共有されていないことにあるケースが少なくない。

もし、接遇や業務姿勢に関する決め事が存在しない場合、速やかに作成に取りかかる。わかりにくかったり、現状に即していない不十分なものである場合は、バージョンアップに取りかかる。業務手順書があまりにも膨大で読む気が失せるような場合は、簡易版を作成する。

こうした取り組みを積み重ね、職員が質の高い業務遂行ができる環境を作りあげていく。正しい

□ ❼業務改善への取り組みに積極的に参加し、常にレベルアップに貢献する職員になるという意識をもって働く。
（各チーム、各部署が取り組む業務改善活動には積極的に参加する）

□ ❽法人が掲げる基本理念、運営方針、ルールを遵守した業務姿勢を貫く。
（権利擁護と利用者本位サービス、職業倫理に根ざした業務を行っていく）

□ ❾感情をコントロールしながら働く。
（プライベートな感情を職場のなかに持ち込まない。常に、いい表情で働くようにする。利用者に安心感を与えるような表情、態度で働く）

□ ❿利用者にとってどのような介護、支援がベストであるかを考えながら業務に取り組む。
（利用者の思い、ニーズ、ペースなどを最大限尊重した介護、支援を行う）

## ☑ 目指すべき職員のイメージ

☐ ❶自分の考えだけに固執せず、他者の考えを柔軟に受け止める。
（他者の意見に真剣に耳を傾け受容する姿勢を示す）

☐ ❷他者からの指摘に謙虚に耳を傾ける。
（たとえ注意されるようなことがあったとしても、反発するような姿勢を示さず、謙虚かつ冷静に指摘を受け止める姿勢をもつ）

☐ ❸常に正しい業務の遂行を心がけ、数年後には職業人としての実績を胸を張って示せるようになる。
（実績を着実にあげ、職業人としての揺るぎなき自信を身につけるよう努力邁《まい》進《しん》する。新しい提案や変化に向けた取り組みが他者から示されても、前向きな姿勢で受け止められる職員になる）

☐ ❹チャレンジ精神・向上心をもち続ける。
（ワンランク上の業務にチャレンジする、もっとワクワクする業務を作り出すという姿勢をもって働く）

☐ ❺限られた時間のなかで、どのような工夫をすれば、いいパフォーマンスができるか、常に時間を有効活用する姿勢をもって業務に当たる。
（「忙しい」「時間がない」「人が足りない」を言い訳にして、業務レベルの低下に陥るような職員にはならない）

☐ ❻わからないことをそのままにせず、常に新たな知識やスキルを身につける姿勢をもって働く。
（福祉系の月刊誌には必ず目を通す。わからないことがあったら、すぐに調べる習慣を身につける）

業務遂行ができる環境の整備に日々努め、管理監督者が、**職員を注意する必要がない環境を作りあげていく。**職員が不適切な行為に手を染めるという事態の発生を、可能な限りゼロにしていく。

## 7 相手の心に響き、行動改善につながる注意の仕方を学ぶ

リーダーであるかぎり、職員が不適切な行為を示す事態は、限りなくゼロにしていかなければならない。

が、現実は甘くない。不適切な行為を示す職員の数は減らせても、ゼロにするのは容易ではない。どんなに防止策を講じても、リーダー職員が毅然たる態度で、誤った業務スタイルに陥った職員を注意をしなければならない事態は必ずといっていいほど発生する。

だからこそ、リーダー職員は部下・後輩を注意するとき、どのような方法で行うか、正しい知識とスキルを身につけておかねばならない。ここでは、注意上手なリーダーになるための必須ポイントを選りすぐって紹介するので、ぜひ参考にしてほしい。

## 注意上手なリーダーになるために留意すべきポイント

**①注意すべき事態が発生した場合は、なるべく早い機会に当該職員と向き合い面談する機会をもつ。**

不適切な言動が示された場合は、可能な限り、早い機会に、話をするように努める。時間が経てば経つほど、介入の効果は薄れてしまう。本人の記憶も薄れてしまうので、「何があったか」尋ねても、明確かつ具体性ある答えが返ってこない公算が大きくなる。事実関係の把握が不十分だと、的を射た形での注意をすることは困難になる。時間が経ってからの注意の場合は、相手から「なぜ今頃そんなことを言うのか！」と反発され、素直に指摘を受けてもらえなくなる可能性が高くなる。

**②部下・後輩と向き合うには、すべての過程で穏やかな口調を心がける。**

部下・後輩と向き合う際、強い口調で接するのは厳禁だ。部下・後輩は強い口調での対応を受けると、たとえ、内心では自分の行為に非があることがわかっていたとしても、自身の行為を冷静に振り返ることができなくなる。自分が業務のなかでどのような行為をしたかよりも、リーダー職員から強い口調で責められたという印象しか、残らなくなってしまう。

もし、勢い余って、「何度言ったらわかるんだよ。わからないんだったら、もう辞めてしまえ」などといった発言をしたら、もうその時点でアウトだ。相手は心を閉ざし、事実を認めようとしなくなるだけでなく、後にパワーハラスメントで訴えられるケースもある。実際、管理監督職員が感情的になって部下・後輩を注意し、パワーハラスメントで訴えられたというケースは、今の時代、枚挙に暇《いとま》がない。

上司・先輩が行う部下・後輩への注意は相手の人格を傷つけたり、相手の人間性を否定したりするために行うのではない。利用者にとっても職場にとっても、大切な存在であってもらうために行うのである。利用者本位サービスと権利擁護を推進する、すばらしい有為の職員として、これからも利用者と職場を支え続けてもらうために行うのである。

頭ごなしに叱り飛ばすような態度を示すと、その重要なメッセージが伝わらなくなる。人は責められれば、自己防衛・自己防御のスイッチが入る。自分が業務中に何をしたか、自分が利用者に何をしたか、といった点よりも、今、自分がリーダー職員（上司や先輩）に責められた、否定された、ぞんざいな扱いを受けたという印象しか残らなくなる。

だからこそ、リーダー職員は、部下・後輩を注意しなければならないときは、感情をコントロールしながら、冷静かつ品格ある態度で、向き合うようにしなければならない。

**③いきなり注意（問題点の指摘）から入らない。**

面談の際には、いきなり問題点の指摘から入らない。問題点の指摘から入ると、注意を受けている（叱られている）意識で頭がいっぱいになり、冷静に自分の行為を振り返ることができなくなる。

面談の初期段階で、なぜ問題とされるような行為に及んだのか、冒頭から理由を問いただすような姿勢を示すのも適切ではない。相手は責められたという思いでパニックになり、冷静でいられなくなる。責められたという思いが高じると、反発心で強く心を閉ざしてしまう。何が問題であったのかを受け止められない状況を作ってしまうと、今後の行動の改善は望めなくなる。利用者に対する不適切な言動、職場のルールを無視した勝手な振る舞い、とてもプロとはいえない不適切な言動などを繰り返す事態を招くので要注意だ。

**④何があったのか、事実の把握を優先する。**

面談の際には、まず、実際に何があったのか、事実関係の把握を最優先する。「いつ」「どこで」「どのような状況で」「何があったのか」「その出来事に対し、当該職員はどのような行動をとったか」「行動の結果、どうなったか」といった点の把握に努める。

**⑤何があったのか、事実（出来事の経緯）を把握した後に、その事実をどうとらえているか、当該職員の思いを確認する。**

**⑥振り返った結果、反省の弁を表明した場合は、非を認めたことに関して感謝とねぎらいの言葉をかける。**

**⑦そのうえで、同じような失敗（不適切な対応）を繰り返さないようにするために、今後どうするのか、本人の見解を確認する。**

**⑧本人が実効性の高い再発防止策を示した場合は、ねぎらったうえで、防止策に沿った行動をするようアドバイスする。不十分なところがある場合は、どうすれば、不適切な行為を払拭することにつながるか、リーダーとしての見解を伝える。**

これらのポイントを踏まえた面談の例を紹介する。人を正しい方向に導き育てることができる、注意上手なリーダーになるために、ぜひ参考にしてほしい。

例1

**リーダー職員**「忙しいのにごめんなさい。時間を取ってくれてありがとう。今日、一三時三〇分にラウンジで発生した出来事について、何があったのか教えてもらえますか」

**職員**「ああ、あのときのことですね。ラウンジで○○さんとお話をしていたら、突然、○○さんが怒り出したんです。それで、なだめようとしたんです」

**リーダー職員**「なるほど、ラウンジにいる○○さんとお話しされていたら、突然、○○さんが怒り出されたんですね。それで、なだめようとしたんですね。で、具体的にどんなふうになだめようとしたのか、教えてください」

**職員**「『あら何怒ってるの。ダメでしょ！　そんなにふうに怒っていたら、話ができません』と強い口調で言いました」

**リーダー職員**「今、振り返って自分の対応をどう思いますか」

**職員**「言葉がきつかったと思います。怒り出すのには何か理由があるはずなので、まずはその原因を探るべきでした。今後は、きちんと原因を探るように努めます」

**リーダー職員**「そうですよね。よく気づきましたね。今後は、そうしたほうがいいでしょうね。じゃあ、もう大丈夫ですね。今日は、ありがとう」

例2

**リーダー職員**「わざわざ、来てくれてありがとう。今日、午前一〇時頃、廊下を歩いていたら、居室から、利用者さんの大きな声が聞こえてきました。あなたが対応されていたと思うんですが、ちょっと気になったので教えてください。あのとき、何があったんでしょうか」

職員「着替えをしてもらおうとしたんですが、『うるさい！』と怒鳴られ、応じてもらえませんでした」

リーダー職員「○○さんに、着替えをしていただこうとお声かけしたら、『うるさい！』と言われたのですね。そのとき、具体的にどんな声をかけましたか。『うるさい』と言われた後に、どう対応したのかについても、教えてください」

職員「○○さんの口調がきつかったので、ついムッとしてしまいました。そのまま、黙って何も言わず、部屋を出てきてしまいました」

リーダー職員「そうでしたか。それで、今、振り返ってみて自分の行動をどう思いますか」

職員「黙って出てきたのはまずかったと思います。『ごめんなさい。また後で伺いますね』とお声かけしたうえで、退室すべきでした」

リーダー職員「そうです。おっしゃる通りです。あなたの話を聞いて安心しました。やはり、そのようにお声かけしたうえで、退室すべきでしたよね。利用者がきつい口調で何かを言うのは、何か理由があるはずです。ひょっとしたら、着替えが本人の望む時間ではなかった、または着替えの際の声のかけられ方が気に障った。その他、いろんなことが要因として考えられます。いずれにせよ、今後は、利用者が急に怒り出したとしても、感情をぶつけるような対応をしないようにしてください。お願いしますね」

例3

**リーダー職員**「先ほど、〇〇さんに対応されたようですが、何があったのか、詳しい経緯を教えてください」

**職員**「イスから立ちあがろうとして危ないので、立たないように言いました」

**リーダー職員**「ああ、そうですか。支えなしでは歩けない〇〇さんが立ちあがろうとしたので、立たないように言ったのですね。で、具体的にどんな口調で言ったのか、再現してもらえますか」

**職員**「『ほら、立っちゃダメ。危ないでしょ』って、ついきつい口調で言ってしまいました」

**リーダー職員**「ああ、そうですか。そういうふうに声をかけられたのですね。今、振り返って、自分の行動をどう思いますか」

**職員**「『ダメでしょ！』ではなくて、寄り添って、身体を支えながら、『どこか行かれますか』って声をかけるべきでした。本人には何か立ちあがる理由があったのでしょうから」

**リーダー職員**「そうですよね。これからはぜひそうしてください。きつい口調での対応は権利侵害とみなされることがあります。または、苦情として申し立てがなされる場合があります。今度は気をつけましょうね。後で、利用者さんに『先ほどはきつい口調でいってすみませんでした』とお詫びを入れておきましょうね。よろしくお願いします」

第 5 章

# 真の意味で現場に目が行き届くリーダーになる

## ―緊急指令“現場至上主義”の蔓延を阻止せよ―

1

# 業務レベルが高い職場と低い職場の違い

高品質なサービスを提供している福祉事業所には、管理監督者あるいは指導的立場にあるリーダー職員の目が現場の隅々まで行き届いているという特徴がある。現場の最前線で、利用者を直接支援する職員が、「いつでも必要なときに支えてもらえる」「安心して働けるよういつも配慮してもらっている」といった思いを実感しながら働いているという特徴がある。

業務レベルが低迷状態にある福祉事業所は対照的な特徴を示す。管理監督者や指導的立場にある職員の目が現場に行き届いていない。何が今、起こっているのか、どのようなことがうまくいっていないのか、提供されるサービスに関して、利用者や家族はどの部分について高い評価を与えているか、どの点について不満足であるとの評価をしているか、把握していない。利用者本位サービスや権利擁護という観点から、サービスの実態をみたとき、どの点が高く評価できるか、どの点が不十分なレベルにあるか、把握できていない。

リーダー職員の目が現場に届いていないので、利用者に最も身近なところでサポートに携わる職員の気持ちに緩みが生じてくる。「いつも自分たちは見られている」といった緊張感に欠

けるために、ただ何となくいつもの業務を繰り返すという姿勢に陥りやすくなる。問題意識が希薄となり、冷静に自分たちが行っている業務を見つめ直すという姿勢を示さなくなる。修正すべき点がたくさんあるのに、「まぁ、いいか」とスルーしてしまい、問題視しなくなる。

## 2 油断をすると職場は"現場至上主義"の罠に陥ってしまう

こうした状態が放置されると、職場全体が"**現場至上主義**"の罠に陥っていく。最前線で働く自分たちだけが現場を知っている。上司は現場のことを知らないし、わかろうとしない。現場の現状を知っている自分たちの判断で現場をどう運営するか、決めてよい。どんな手順や方法で業務を行うのか、決めてよい。どんな態度で利用者に接するのか、どのような方法で介護をするのか、決めてよい。そんな考えが同じ立場で働く仲間のなかで共有されていく。

こうした姿勢の一番恐いところは、自分たちが行うことは「正しい！」「これでいいんだ！」という集団心理が働くことだ。本当にこれでよいのか、問題はないか、という意識は、ほぼゼロの状態になり、自分たちの見立てや論理だけで物事を判断するようになる。こうなると、業務の劣化現象に歯止めがかけられなくなる。いつ深刻な苦情が利用者や家族から申し立てられてもおかしくない状況に成り果ててしまう。最悪のケースでは、いつ虐待通報が関係機関に寄せられても不思議ではないといった状況にまでサービスレベルの劣化が進んでしまうこともある。

## 3 真の現場主義とは何を指すのか

### 1 日々の業務実践から学ぶ謙虚な姿勢

リーダー職員が実現を目指すのは、「現場で行われていることはすべて正しい」と安易にみなす現場至上主義ではない。業務レベルの向上、利用者本位サービスの実現、権利擁護の着実な推進に寄与できる本当の現場主義だ。

本来、現場主義とは、「**利用者の最善の利益を最優先するという観点から、現場で行われている様々な業務を冷静沈着に分析、検証し、問題や課題がないか、確認する一連の行為**」を指す[*1]。簡潔にいえば、日々の業務実践から教訓を学ぶ謙虚な姿勢をもち続けることを指すのである。

日々の業務をやりっ放しにせず、徹底的に利用者の立場にたって、本当にあのような手順や方法での支援でよかったのか、振り返り点検する。利用者に対して提供される直接支援・介護・相談援助・保育・療育はいうまでもなく、その他の間接業務もすべて振り返りの対象だ。ケース記録、業務日誌、個別支援記録の書き方、ケアプラン、個別サービス計画の作り方など、すべての業務を振り返り点検し、課題や問題を明らかにする。課題や問題については、改善に向けた計画を立案し、実行に移していく。これらの一連の取り組みを着実にやり遂げていくことを現場主義というのだ。

ポイントになるのは、次に示す四つの点で「学ぶ」姿勢を貫くことだ。
①利用者・家族に学ぶ。
②日々の業務実践に学ぶ。
③うまくいった成功体験に学ぶ。
④うまくいかなかった失敗体験に学ぶ。
これら四つの点について、常に学ぶ姿勢をもち続け、自己成長を図っていく。現場主義をモットーに掲げ、職業人としての経験を着実に積み上げている人は、日々、「学ぶ」姿勢を実践している。現場で経験年数を積み重ねるだけで、漫然と定型業務を繰り返すだけの業務スタイルは、決して現場主義とはいえない。

## 2　現場の業務実践がより高いレベルで行われる前提

管理監督者の立場にあるリーダー職員の場合、真の現場主義に向けた取り組みは、実際に現場を訪ね、現場への目配り、気配り、心配りを行動として示すことから始まる。現場に、どのような課題、問題、改善すべき点があるかを学ぶ。確認した課題、問題、改善すべき点については、適切な解決策を講じ、改善を図っていく。現場での業務実践がより高いレベルで行われるようサポートしていく。そうした取り組みに積極《せっきょく》果敢《かかん》に着手していくことが、リーダーシップを発揮する立場にある職員には求められている。

だからこそ、ここで、本書を手にするあなたに聞いてみたい。

「リーダーとして働くあなたの目は現場に行き届いていると、自信をもって断言できますか」

そして、あなたがリーダーとして働くチーム、部署、事業所で働く部下・後輩から、

「はい、リーダー（上司）の目はしっかりと現場に行き届いています」

「目が行き届いているので安心して働けます」

「見られているという実感があるので適度な緊張感をもって働けます」

と言ってもらえるような状況にあるだろうか。

もし、少しでも答えに窮したら、今すぐに行動を起こさなければならない。

# 4 現場にリーダーである自分の目がどれくらい行き届いているか自己チェックする

## 1 リーダーとしての行動を自己チェック

善は急げだ。現状を正しく理解するための行動を開始しよう。リーダーとして働くあなたの目がどれくらい現場に行き届いているといえるのか、自己チェックにチャレンジしよう。

方法は簡単だ。私が独自に作成した**現場への目配り充実度チェックリスト**（106～107頁参照）に目を

通し、自信をもって「はい」と答えられる項目には○を入れる。自信をもって「はい」とはいえない場合は×を入れる。「どっちかな」と少しでも迷った項目は×と、厳しい視点でチェックする。×がついた項目については、優先順位をつけ、順番に○になるよう行動を起こす。

例えば、「❻現場にはどのような強みがあるか、理解している」が×の場合は、現場を訪ね、強み探しに従事する。「どこが強みといえる部分か」「どこがすごいといえる部分か」「どこが素晴らしいといえる部分か」と呟きながら、現場を歩き回るだけでもよい。強い意識をもって見回ると、今まで気づかなかった強みに気づける可能性は決して低くない。

強み探しの手段としては、現場職員とのコミュニケーションもおすすめだ。**効果的なのは、日常業務の手順や方法をあらためて教えてもらうという方法**だ。「この業務はこのように行っています」「こういった手順や方法で介護業務を行っています」などといった、何気ない説明のなかに、強みが潜んでいるケースがある。強みはその部署にずっといるからといって、理解しているとは限らない。気づいていないケースが少なくない。これらのアプローチを通して、確認できた強みは、今後も保持できるよう、あるいは、さらなるバージョンアップを図るよう現場に働きかけていく。

「❼現場にどのような課題、問題、改善すべき点、ウィークポイントがあるか、理解している」が×の場合も、現場を訪ね、課題、問題、改善すべき点の把握に向けた取り組みにかかる。

確認できた場合は、解決案を作成し、改善に向けた行動に着手する。もちろん、これら一連の取り組みを単独で実施する必要はない。現場職員と協働作業で取り組めばよい。職員の視点からすれば、上司・先輩と、業務改善に一致協力して取り組んだという経験が、「仲間意識」の醸成につな

- [ ] ❾現場で働く職員がどのようなところに高い満足度、やりがいを実感しているか理解している。
- [ ] ❿現場で働く職員がどういった点について不満を抱いているか、納得できないという思いをもっているか、困ったという思いを抱いているか、理解している。
- [ ] ⓫現場で働く職員とまんべんなく話をするよう努めている。
- [ ] ⓬現場で働く職員が、気軽に相談に来てくれる（現場職員から頼りにされていると実感することがよくある）。
- [ ] ⓭現場で働く部下・後輩の顔と名前をきちんと覚えている。
- [ ] ⓮多くの利用者と顔馴染みの関係になっている。
- [ ] ⓯業務日誌（ケース記録、介護経過記録、看護日誌、作業ヨ誌など）にはしっかりと目を通し、現場で何が起こっているか、把握するよう努めている。

## ☑ 現場への目配り充実度チェックリスト

- □ ❶現場でどのような業務が、どのような手順や方法で行われているか理解している。
- □ ❷現場で行われている業務が、あるいは、提供されているサービスが利用者や家族からどのような評価を受けているか理解している（利用者の生活レベル向上、生活問題の改善等にどれくらい貢献しているか理解している）。
- □ ❸現場で働く各職員が、どのような役割分担をして働いているか理解している（各職員がどのような役割を果たしているか理解している）。
- □ ❹日常業務がどのような共通認識に基づいて実施されているのか理解している（各種業務が、どのような共通認識に基づき、どのような手順や方法で行われているのか理解している）。
- □ ❺職員間の連携、意思疎通、情報共有がどのような形で行われているのか理解している。
- □ ❻現場にはどのような強みがあるか、理解している。
- □ ❼現場にどのような課題、問題、改善すべき点、ウィークポイントがあるか、理解している。
- □ ❽現場で働く部下・後輩に、どのようなサポートが必要か理解している（現場で働く職員をどのような形でサポートすれば、喜んでもらえるか理解している。どのようなサポートがあれば、部下・後輩がより高いパフォーマンスで働けるか、理解している）。

がる。支え合う人間関係構築の土台となる。

○がついた項目も、その内容によっては、行動を起こす必要がある場合があるので、要注意だ。例えば、「❹日常業務がどのような共通認識に基づいて実施されているのか理解している」に○がつくケース。この設問で○がつくケースは二つある。

一つ目は、「共通認識がしっかりとある」ケース。しかも、その結果、レベルが高い業務がこなせているケース。

二つ目は、「共通認識はしっかりある」が、業務レベルは不十分な状態にあるというケース。この場合は、共通認識になっている業務の手順や方法に大きな問題があるという事実を意味しているので、可及的速やかに業務手順の見直し、修正に取りかかることが必要になる。

## 2　記録が変わると業務実践が変わる

「⓯業務日誌（ケース記録、介護経過記録、看護日誌、作業日誌など）にはしっかりと目を通し、現場で何が起こっているか、把握するよう努めている」に○がついた場合も、行動が必要となるケースがある。それは、現場職員が記す業務日誌やケース記録にはしっかりと目を通しているが、書き方が不十分であったり問題があったりするために、現場で何が起こっているか、把握できずに終わるケースだ。

このケースでは二つの取り組みが必要だ。

一つは、記録を読んでも事実がよく理解できなかったところについて、現場を訪ねて、確認するという取り組みだ。例えば、業務日誌に、「Aさん、入浴拒否」と記載されたケースを考えてみよう。この記録では、実際に何があったのか、具体的な経緯は何も書かれていない。Aさんと職員の間にどのようなやりとりがあり、その結果として、入らないという状況になった一連のストーリーが書かれていない。職員が適切なアプローチをしたのかどうかも、記録から読み取れない。記録を読んだリーダーが把握できるのは、記録を書いた職員が、**入浴をしなかった利用者の行為を「入浴拒否」と判断したこと**。つまり、職員の判断の結果しかわからない状況となっている。こうした記録が提出された場合、リーダー職員は何があったか、事実を把握するために、速やかに当該部署を訪ね、こう確認すべきである。

「記録に、『Aさん、入浴拒否』って書いてありましたが、実際にAさんにどのような働きかけをしたのか、一連の流れを具体的に教えてください」。

もう一つの取り組みは、記録の書き方の見直しだ。管理監督者であるリーダー職員に、現場の実態が伝わらない大きな原因は、記録の書き方の不十分さにある。記録は、現場と管理監督部門との情報共有手段であるはずなのに、書き方が不十分なために、記録の読み手に伝わらずに終わるという例は少なくない。

この状況を打破するには、記録の書き方の見直しが必要だ。何をどう変えるのか。ポイントは、**記録者の主観中心型の記録から、客観的事実中心型の記録への変更**である。

本来、社会福祉現場における記録の基本は、**客観的な事実の記載**である。「何があったか」を記録の中心に据え、必要に応じて、記録者の考えやコメントなどといった主観的記述を加えていく。

事実を書いた後に、この事実に関して、「私はこう考えた」「今後、こういったことが必要だと思われる」など、考察あるいはコメントを記していく。

## 3　誤った記録に対してとるべき行動

現場を把握するという点で、いかに記録が大切か。この点をより端的に理解するために、福祉の現場でよく目にする、「誤った記録例」を紹介する。以下の例に目を通して、今後、同様の記録を目にしたとき、リーダーとして、どのような行動を起こす必要があるのか、そのヒントをぜひ学んでほしい。

**例1　特別養護老人ホームでの食事場面に関する誤った記録例**

**［業務日誌に残された記録］**

「Aさん、夕食時、食事拒否」

**［実際の出来事］**

夕食時、認知症があるAさんはテーブルに着くが、箸を持とうとせず、食事を見つめるだけ。介護職員Bさんは、Aさんの好物である肉じゃがを指さし、「肉じゃが、やわらかくて美味しいですよ」と語りかけるが、「うるさい！」と大きな声をあげたあとに立ち上がり、居室に戻る。一時間後、Bさんが居室を訪ね「食事、いかがですか」と声をかけると、Aさんはニコニコと笑顔満面で、「ありがとう」と返事する。その後、Aさんは食堂に出てきて食事を摂る。

**〔解説〕**

業務日誌に記載された内容では、何があったか、職員がどう対応したか、まったくわからない。結果的には食事を摂ったのに、それも記述されていない。食事サービスは、利用者にとって重要なサービスの一つ。このままの記述では、記録を読んでも、何があったか、管理監督者であるリーダー職員は把握できない。現場に目が届かない状態になる。

**〔記録を読んだリーダーがとるべき行動〕**

当該部署を訪ね、Bさんに「昨日の夕食時のことについて教えてください。Aさん、どうされましたか。食事を摂らなかったようですが」と確認する。結局は食べた、という事実を確認した後は、「ああ、よかった。食べていたんですね。今度から、記録には、最後の『食べた』というところまで書いてくださいね」とアドバイスする。同時に、正しい記録の書き方についても、指導する。

## 例2　知的障害者施設での利用者間の出来事に関する誤った記録例

**［業務日誌に残された記録］**

「昼食後、CさんがDさんを叩いたので厳しく注意する」

［注］……Cさん、Dさんはともに利用者

**［実際の出来事］**

昼食後、Cさんが近くにいたDさんの背中をどんと叩く。すぐにE職員が二人に駆け寄り、「何やってるの！」と強い調子で声をかける。Cさんは、興奮して両手で自分の頭を叩く動作を始める。E職員はCさんの右手首付近をグッとつかみ、引きずるようにして居室に連れていく。居室内でE職員はCさんに「ダメで

しょ！」と強い調子で言う。Cさんは頭を両手で抱え込んだまま身体を前後に激しく動かす動作をする。E職員は、「叩く人は嫌われるよ。しばらく、ここで反省していなさい」と強い口調で言って退室する。

【解説】

E職員が不適切な対応をしているのは、実際の出来事を考えれば明々白々だが、記録には、実際に自分がどう対応したか、重要な事実が記されていない。当該職員は事実を隠す強い意図はないかもしれないが、記録として残すべき事実が記されていないので、結果的には、事実を隠した記録、すなわち、隠蔽記録になっている。本人（あるいはその場を目撃した人）以外は、不適切な行為がなされていた事実が把握できない記録になっている。

利用者の行為に対して、「注意した」と記載されている記録は、要注意だ。「利用者が他の利用者を叩く」「利用者が他の利用者を大きな声で怒鳴る」などといった出来事に関する記載は、職員がその利用者に具体的にどう対応したか、客観的事実を記すよう強く働きかけなければならない。そうしなければ、指導的立場にあるリーダー職員が現場を把握できなくなる。不適切な対応を察知し、適切な指導ができなくなる。誤った記録を放置すると、権利侵害行為と指摘されかねない状況が職場内に蔓延してしまうことがある。リーダー職員はこうした危機感をもって部下が記した記録を読み込むこと。また、気になる点がある場合は、速やかに事実関係の確認作業を行うよう努めなければならない。

**［記録を読んだリーダーがとるべき行動］**

速やかに記録を書いた職員のもとを訪ね、事実関係の確認をする。「記録に書いてあったことでよくわからなかった点があるので、教えてください」と声をかけ、本人の言葉で事実を語ってもらう。利用者に実際にどのように対応したのか、利用者にかけた言葉とその口調に関しても、詳細に確認する。

不適切な事実が確認できた場合は、本人が一連の出来事を振り返って、自分の行為をどう考えるか、語ってもらう。そのうえで、支援者として職場内で共有すべき援助の基本を確認。職業倫理、福祉倫理、行動規範に基づく行動を徹底するよう指導する。

当該職員と面談で把握した事実に関しては、他の管理職員と情報共有し、事業所、法人としてどう対応するか、厳格な対応も視野に入れつつ検討する機会をもつ。

## 5 「現場に目が届くリーダー」となるために取り組むべきこと

最後に、真の意味で現場主義を実現するリーダーとなるためにはどうすればよいか、部下・後輩から「現場に目が届く」頼りがいあるリーダーとみなされるためには、どうすればよいか。とっておきのポイントを紹介する。それは次の通りだ。

### 1　定期的に現場に顔を出す

もしあなたが管理監督者であり、直接支援・介護に携わる職員とは離れるところで仕事をする立場であれば、可能な限り、現場を訪ねる時間を作るよう努力する。事業所によっては、他の部門が同じ建物にない場合もある。その場合も、可能な限り訪ねる努力を怠らないようにして、情報共有、意思疎通に努めなければならない。

定期的に訪ね、自分の目でその空間に入ることによって、何が起こっているか、つかみやすくなる。ただし、問題はどれくらい頻繁に顔を出すか、ではない。漫然と回数を増やすだけで

は、現場のリアリティーは把握できない。大切なのは、**顔を出すときにはいつも謙虚に「現場に学ぶ」という姿勢をもって訪ねる**ことだ。現場を支える。利用者を支える。そして、職員を全力で支える。その姿勢が伝わるような訪ね方をすることが重要である。

## 2 利用者と馴染みの関係を作る

現場に顔を出す際に心がけなければならないのは、利用者とのふれあいだ。また、コミュニケーションの機会を可能な限り数多くもつことである。利用者とふれあう機会をもつと、どのような思いでサービスを利用しているか、どのようなことに満足しているか、どのようなことを不安に思っているか、一人ひとりが抱いている心情がより的確に理解できるようになる。

利用者一人ひとりの思いに根ざした組織運営を考えることにもつながるし、職員へのアドバイスにもつながる。利用者と馴染みの関係をもっている上司の声は職員の心にも届きやすくなる。利用者を大切にしている姿を目の当たりにしているので、自分たちとは、異なる世界に住み、現場のことがわからずに、組織運営に当たっているという誤解を生み出す恐れがなくなる。職階や立場は異なっていたとしても、現場を共有するいい意味での「仲間意識」が醸成しやすくなる。

## 3 職員に安心感を与えるような対応をする

管理監督者のポジションに就く上司が現場を訪ねてくると、職員は緊張する。上司にその意識がなくとも、部下として働く職員は「悪いところがないか監視・点検されているのではないか」という思いに駆られやすい。強い緊張感を抱かなくとも、何となく居心地の悪さを感じる人もいる。管理職員がどのような意図で来ているのかわからないと、職員は「何しに来たんだろうね」と揶揄《やゆ》し、不満感を露わにする。

現場に対する理解を深めるために、現場を訪問するのは絶対に必要なことだ。が、誤解を受けたり、迷惑がられたりする状況は避けなければならない。

誤解を受けないようにするためには、どうすればよいか。現場への訪問を歓迎してもらえるようにするためにはどうすればよいか。最も有効なのは、職員を大切にしているという姿勢を明確に示すことだ。職員が安心して、リーダー職員を迎え入れることができるよう、最大限の配慮をすることである。

留意すべきポイントはシンプルだ。現場を訪ねるときには、よき人間関係を築くための基本を忠実に守る。この点に尽きる。**安心感を与える、表情、立ち居振る舞いを心がける。ちょっとした仕草、表情や言動から、優しさや思いやりが伝わるようにする。部下・後輩を大切にしている、という思いが伝わるよう心がける。**これがキーポイントだ。

現場を訪ねたとき、実際に目にする職員の仕草、行動、表情などをプラスの視点でとらえるという姿勢も重要だ。明らかな権利侵害行為に対しては毅然たる態度を示すのは当然だが、何気ない形で職員が見せる表情、仕草、立ち居振る舞いなどはプラスの解釈をしながらみるという姿勢を貫くようにする。

例えば、ある職員が気が重そうな表情で働いているケースを考えてみよう。「職業人としての心構えができていない」と最初から否定的、あるいは、マイナスの視点でみてしまうと、本当に大切なメッセージが受け取れずに終わる可能性が高くなる。ひょっとすると、その職員は重大なストレスにさらされているのかもしれない。健康不安を抱えているのかもしれない。あるいは、ずっと、職場内で悩み事があったのだが、相談できる人がいない。それが深刻な不安心理に陥る原因になっていたのかもしれない。過去に職場内で何かを提案したのだが、頭ごなしに否定された。それがトラウマとなり、一見不機嫌そうに見える表情になっているケースもある。このような原因が特定できた場合は、不安感の解消に向けて全力でサポートするという姿勢を示す。

大事なことなので強調しておこう。**他者が示す仕草、表情、立ち居振る舞いなどをマイナスの視点で解釈すると、誤った理解につながりやすい**し、相手にもその思いが伝わりやすい。良好な人間関係を築く妨げとなり、職員の内なる思いが把握できなくなる。そうなると、職員に対して、適切なサポートができなくなるので、気をつけなければならない。

## 4　悪いところ探しにならないようにする

現場を訪ねるのは、問題点だけを探しに行くのではない。**うまくいっているところと、修正が必要なところを見極める**ために行くのだ。うまくいっていないところについては、その原因を精査し、うまくいくようアドバイスするために現場を訪ねるのである。これが管理監督者のポジションにある職員が現場に足を運ぶ大きな目的の一つだ。

さらにもう一点、決して見逃してはいけない重要な目的がある。それは、**働く人の安心感をもたらす**ためだ。自分たちは上司から守られている。上司から認められている。それを実感してもらえるようにすることも、現場に顔を出す大きな目的である。もちろん、現場を訪ね、改善すべき点、見直すべき点がある場合は、それを見逃さずに把握する責任があるのはいうまでもない。が、それだけが目的であるかのような態度をとると、現場の職員はすぐに気づく。不快感、抵抗感を示すようになる。現場で何が起こっているか、どんなサポートを必要としているか、把握することが困難になる。

## 5 現場をサポートするという明確な姿勢を示す

リーダーの重要な使命は、やり遂げることである。なすべきことを適切な手順と方法で、着実に成し遂げていく。部下や後輩の力だけでは解決できないことを、適切な方法でサポートし、解決に導いていく。その重要な役割をもっているのがリーダーである。

リーダーとして、現場に目が行き届くよう心がけるのは、何が起こっているか、どのような成果を現場は収めているか、どのような課題に直面しているか、などといった点を把握するためだけではない。把握後に、責任ある立場として、行動を起こすためである。うまくいっている部分については職員の働きを十分にねぎらい、さらなる磨きをかけ、より高い実績があげられるよう下支えしていく。

問題や課題がある場合、原因を精査したうえで、改善策を講じ、解決に導いていく。悩みを抱えている職員がいる場合も、同様だ。悩みをもたらす要因を把握したうえで、適切なサポート策を講じ、悩みや苦しみから職員を解放するという実績を示すことが求められているのである。

［引用文献］

＊1　久田則夫『人が育つ・職場が変わる気づき力』日総研出版、八一頁、二〇一三年を一部改変

第6章

# “ダメ上司”の典型例から信頼されるリーダーになるためのヒントを学べ

—「絶対にああならない」という上司のイメージを反面教師にする—

## 1 いい上司のもとでしか働いた経験がないというのは極めてレアケース

あなたはどうだろうか。これまでの人生のなかで、どれくらい今も感謝の気持ちをもち続けられる上司に出会ってきただろうか。「ああなりたい」と今でも強く思う上司に出会ってきただろうか。別に社会人になってからでなくてもいい。学生時代に出会ったバイト先の上司も含めて、思い浮かべてほしい。具体的に何名くらい、今も忘れられないステキな上司に出会ってきただろうか。

続けて、あなたに聞いてみたい。その逆はどうだろう。これまでの人生のなかで、どれくらい「全然頼りにならない」「信頼感ゼロ」と思うような上司に出会ってきただろうか。「二度と顔も見たくない」と怒り心頭に発するような上司に出会ってきただろうか。別に嫌いではないけれど、上司の役割を果たしてくれず、がっかりするような人に出会ってきただろうか。

さて、あなたはどうだろう。万が一、「いい上司しか思い浮かばない。がっかりさせるような上司なんてこれまで一度も出会ったことがない」という状態であれば、あなたは極めてラッキーだ。私は福祉職員を対象とした研修に年に何十回も講師として出向いている。総計でいえば、おそらく、千回を超えるだろう。中堅職員やチームリーダークラスの指導的立場の職員を対象とした研修における経験からいわせてもらえば、「いい上司のもとでしか働いていない」という人に出会うことは数えるほどしかない、ごく稀なケースだ。

## 2 〝ダメ上司〟のもとでの経験がすべて無駄とは限らない

実際には、圧倒的多数の人が残念な上司のもとで働いた経験があるわけだが、その経験はすべて無駄なことであるかというと、実はそうとは限らない。**反面教師として、その残念な特徴から教訓を学びとる姿勢**さえもっていれば、真のリーダーとして成長を遂げることは十分に可能だ。

よきリーダーとしての歩みを続けるうえで、重要なポイントになるのが、「私は何があろうとも絶対にああならないし、なってはいけない」と心に固く誓う、〝ダメ上司〟のイメージの把握だ。

ただし、おぼろげなイメージの把握にとどまっていると、「では、どんな上司を目指すのか」「どんなリーダーになるのか」という点があいまいになる。自分が進むべき方向がみえなくなってしまう。この状態は極めて危険だ。知らず知らずのうちに自分自身が、〝ダメ上司〟になってしまうことがあるからだ。

そうならないようにするためには、〝ダメ上司〟はどのような人を指すのか、明確なイメージを把握することが欠かせないものになる。

3

# 〝ダメ上司〟の類型から信頼されるリーダーになるための教訓を学ぼう

では、どのような上司が職場にレベル低下をもたらすのか。部下・後輩の勇気とやる気を根こそぎ奪ってしまうのか。働く喜びが感じられない職場環境を作り出す元凶になってしまうのか。

ここでは、その類型を紹介する。すべての類型は、二〇年以上に及ぶ現場指導経験のなかで得たデータを整理したうえでまとめたものである。

もちろん、ただ紹介するだけでは意味がない。どのような人が業務レベルの向上や職員の育成に貢献できない上司なのか。どのような人が職員から信頼されない上司なのか。どのような人がモチベーションの低下や失望をもたらす上司なのか。その具体的な特徴を紹介する。さらには、よきリーダーとして、後輩・部下から厚い信頼を得るためにはどうすればよいか。〝ダメ上司〟にならないために、どのような教訓を学び、どのような姿勢を習得する必要があるかという点も明示させていただく。

頼れる上司、頼れるリーダーとして飛躍を遂げるために、ぜひ、以下に示す〝ダメ上司〟の類型と、その類型から学ぶべき教訓にしっかりと目を通してほしい。

## 皮肉屋ネガティブ上司

**特徴**　部下の発言に対して、皮肉めいたネガティブな言動を繰り返す。この種の言動を示すのは、部下が張り切って前向きな提案や意見を示したときが多い。意欲満々の発言を、上司から皮肉で返されると部下はすっかり意気消沈する。「もう、二度と提案しない」「これからはずっと発言などせず沈黙を貫く」といった思いを強く抱くようになる。

**架空事例**

知的障害者通所施設（生活介護）で働くA氏が、課長に面談を申し込む。「課長、今年度の地域交流のイベントを、新しい形でやりたいと思っています。今度、時間を作ってもらえますか。ぜひ、話を聞いてもらいたいんですけど」。

課長は、書類の作成をしており、ノートパソコンに向かっていた。パソコン画面から目を離さず、いかにも面倒くさいことを言ってきたといわんばかりに軽い舌打ちをする。その後、こう答える。「まぁ、いいけど。本当にきちんとやれるんならね。みんな思いつきでいろいろ言ってくるけど、言うだけなら誰だってできるんだよね」。

### ［〝頼れる上司・リーダー〟になるために学ぶべき教訓］

◎意気込んで提案してきた人の出鼻をくじくような発言、姿勢は示さない。

◎提案や申し入れに対しては「ああ、面白そうですね。ぜひ聞かせてください」と前向きな発言で対応する。

◎過去に不十分な提案を繰り返した部下・後輩であっても、「話を聞きますよ」という姿勢で相対《あいたい》することを大原則とする。「またか！」といった否定的な態度や姿勢は決して示さない。

◎部下・後輩からの提案内容に不十分な部分があったとしても、いきなり問題点の指摘から入らない。「全体の趣旨はとてもいいと思いますよ」とポジティブな評価を加えたうえで、「ただ一点、気になるところがあるので教えてください」という流れで疑問や気になった部分の指摘をする。こうした指摘の仕方をすれば、相手に「受け止めてもらえた」「アドバイスをいただけた」という印象が与えられるようになる。

## 揚げ足取り上司

**特徴**　部下の言い間違いや失敗につけこみ、自信を失わせるような言動を繰り返す上司を指す。「皮肉屋ネガティブ上司」（127頁参照）との明確な違いは、何らかの失敗を確認してから、皮肉やつけ込むような発言を浴びせ始める点にある。こんな発言が平然と示されては、部下は強い辱めを受けた気持ちになる。上司に対する信頼感やリスペクトの気持ちはゼロ以下になる。

**架空事例**

介護付き有料老人ホームで介護職員として働くA氏が利用者の状況について、上司に報告し、指示を仰ごうとする。「すみません。○○さんが頭痛が痛いって言っているんですが、どうしましょうか」。上司は報告内容よりも「頭痛が痛い」という誤った日本語表現が気になり、こうコメント。「頭痛が痛い？　ちがうよ。それ変な日本語だよ。正しくは、頭痛がする、でしょ。小学生でもわかってるよ」。A氏は顔を赤らめ、恥ずかしそうな表情で黙り込む。小さなミスをいつもあげつらう傾向があるので、他の部下からも煙たがられている。

### 「〝頼れる上司・リーダー〟になるために学ぶべき教訓」

◎部下からあがってくる報告については、まずその内容の把握に力を注ぐ。内容の部分に対して適切な反応やアドバイスをする。

◎口頭あるいは文書による報告について、表現上のミスを指摘する場合は、報告してくれたことに感謝の気持ちを述べたうえで、「『頭痛が痛い』という表現は意味が重なっている言葉を続ける言い方であまり望ましくないんだって。安全なのは、『頭痛がする』っていう言い方。私もよく間違えてしまうことがあるんだけどね」などといった具合に、間違えるのはあなただけではないという点を伝え、本人がミスを指摘されても、ショックが可能な限り小さくなるような伝え方をする。

◎何か正しいことを伝える際に、「これって常識だよ」「普通みんなわかっているんだけどね」「あれ、こんなこともわからないの」などといった言い方は決してしない。

◎自分の常識だけで物事をとらえない。どんなに時代が変わっても変わらないものもあれば、大きく変わるものもある。日本語表現も例外ではない。かつては、誤った日本語表現として批判されていたものが、一〇年後には〝全然ＯＫ〟な表現とみなされるようになる場合もある。

大切なのは、**自分のなかの価値観や判断基準だけで、物事をみようとしない**こと。柔軟な態度で物事をみる姿勢をもつことが必要である。ある世代や個人によっては誤解される可能性がある日本語表現の場合は、「その表現は年配の人が今

も抵抗感を抱くことがあるので、気をつけてください」と〝大人〟の姿勢でアドバイスする。こうしたソフトな対応で、「その表現はやめたほうがいい」という話し手の意図は相手に十分に伝わる。抵抗感なく、「あらためなければならない」という気持ちをもってもらえるようになる。

## 責任転嫁・責任回避上司（何でも人のせい上司）

**特徴** このタイプの上司は、何かうまくいかない事態が生じたり、自分にとって都合が悪い事態が発生したりすると、あらゆる手段を使って、責任を他者に転嫁し、人のせいにするのが得意技。職場や部署をよくするための責任（未来への責任）を果たさず、何か発生した問題や課題の責任（過去への責任）も一切取ろうとしない。部下が何か新しい提案をすると、「で、うまくいかなかったとき責任取れるの？」といった態度を即座に示す。「責任を取れないのであれば、余計なことを言うな」と高圧的なメッセージを送る。責任を果たしたり、取ったりする立場にあるのは上司の自分であるはずなのに、その自覚がまったくない。

**架空事例** 某月某日、特別養護老人ホームのユニットに入居する八〇代男性利用者家族より、「父の身体に皮膚内出血・皮膚剥離があるのは、介護技術が不足しているからだ」という苦情が申し立てられた。苦情解決の担当者である介護主任は、翌日、ユニットリーダーA氏を呼びつけ、こう責め立てた。「皮膚内出血・皮膚剥離を防ぐのは介護の基本よ。誰がやったのか知らないけど、あなたのユニットの問題なんだから、リーダーとしてきちんと責任取ってね！」。A氏は当初、うなだれたまま、ただ話を聞くのみであった。その後、A氏は「高齢者は肌やせが起こり、介護の仕方を間違えると、皮膚内出血・皮膚剥離に結びつきやすいので、気をつけようとみんなに言っていたのですが……。すべて私の責任です。目がしっかりと行き届いていませんでした」と謝罪の気持ちを表明した。

### ［〝頼れる上司・リーダー〟になるために学ぶべき教訓］

◎何か問題が発生したとき、上司がまず取り組まなければならないのは、「何があったのか」、事実を冷静沈着に確認することである。

◎事実を確認する際には、責め立てるような口調や姿勢は厳禁。問い詰めるような言動を示すと、相手は身を守ることで心が一杯一杯になる。冷静に何があったのかを振り返ることができなくなる。

◎相手に責任を取るように促す発言は、事実関係を確認する段階では、決して示してはならない。もし部下職員に責任を取

る場面があるとすれば、故意や悪意が事実として明確になるケースくらいであるという点を忘れないようにする。

◎問題発生後の事実確認によって、特定の職員の介護方法・支援方法などが不十分であることが明らかになった場合は、正しい技術の習得に向けたアドバイスを行う。利用者や家族からの苦情・申し立てのケースであれば、中立人に不十分な介護が行われていたという事実があったこと、事業所として職員の介護・支援の向上をサポートする体制が十分でなかったことが原因にあるという点を伝え、謝罪の意を示す。故意や悪意などによって発生した案件でなければ、責任は特定の個人に帰すのではなく、事業所が担う。この原則に沿いながら、今後の防止策を明示するというプロセスを踏むことが重要である。

## ポーズだけで実は聞いていないノー傾聴&無関心上司

**特徴**　部下が話があると言ってくれれば、とりあえず聞く機会をもちはするが、心ここにあらずの姿勢を示す。うなずきながら話を聞いてくれるが、「あ、そうなんだ」程度の反応に終始する。話した内容について、部下にフィードバックしない。心を込めて話を聞くという姿勢を一切示さないし、話した内容についても関心を示そうとしない。

部下の立場からいえば、ただ目の前にいる上司に話をしたという事実が残るだけで何の展開もないので、スルーされた印象を強く受ける。何のリアクション、フィードバックもないので、「言っても無駄だった」「きちんと話を聞いてもらえなかった」という心境になる。

**架空事例**

児童養護施設で働くA氏は、上司に「○○君が最近落ち着きがなくて、どう対応すればいいか、困っています」と相談を持ちかける。上司は話を聞く機会はもってくれた。でも、「そうか。そりゃ困ったね」と他人事のような発言を繰り返すだけで、きちんと聞いているという雰囲気が感じられない。しばらくすると、机の上の書類をパラパラとめくりはじめる。しばらくして、A氏は感謝の言葉を述べて席を立ったが、聞いてもらったという印象はほとんど残らなかった。

### 〔〝頼れる上司・リーダー〟になるために学ぶべき教訓〕

◎部下から相談を受けるときには、相談に集中する。他の業務を行いながら話を聞く〝マルチ・タスク〟的な聞き方は避ける。話を聞く際には、必ず、相手が「聞いてもらった」という印象を受ける所作、動作を示すようにする。よそ見をしながら聞いたり、別のことを気にしている動作を示したりするなどの行為は厳禁。

◎強い関心をもって聞いていることが相手にわかるような聞き方をする。また、相手が話した内容に即した反応やコメントをするよう心がける。悩みごとに関する相談であれば、解決に向けて協力するという姿勢が伝わる言動を心がける。

## 俺様親分肌上司（女王様上司）

**特徴**　このタイプの上司は、「リーダーは上にたつもの」という古いリーダー観（指導者観）で凝り固まっている。部下に対しては、絶対的な力をもつというとらえ方をしている。部下はリーダーの考えや指示には絶対服従すべきだと固く信じて疑わない。

自分に対して絶対服従の姿勢を見せるイエスマンの部下は可愛がるが、イエスマンの態度を示さない部下は、自分をリスペクトしない無礼な反逆者というとらえ方をし、敵対視する。ときには、排除を試みるような態度を示す場合もある。弱い者（あくまでもそう自分が判断した者）に対しては、上から力で押さえつける圧制者的、親分的な言動を示す。が、強い者（自分がそう判断した者、例えば、上級管理職）に対しては態度が豹変。ひれ伏し、媚びる行動を示す。強い者にはめっぽう弱く、弱いと判断する者には圧制者然とした態度を示すのが、このタイプの上司の最大の特徴である。

架空事例

知的障害者施設で経験三年目のA氏は支援課長から目の敵にされている。会議中、課長の意見に反対する言動を示すことがあるからだ。ある日、A氏は服薬支援のときに、配薬ミスをしてしまった。利用者はすでに薬を飲んでしまったが、ミスにすぐに気づき、他の職員とともに適切な対応をし、大きな健康被害をもたらすことなく事態は収拾する。

この件に関して、支援課長はここぞとばかりにA氏を叱責する。「何かあったら、おまえ、責任取れんのか」「だいたいね、日頃から集中力が足りないんだよ」と強い調子で捲したて続けた。A氏はこれまでのキャリアで、集中力がないためにミスを犯したことはないが、あたかもそうであるかのように話す課長に対して、反論できない。課長のいわれなき言動にただただ耐えることしかできなかった。

**［〝頼れる上司・リーダー〟になるために学ぶべき教訓］**

◎ともに働くすべての職員に対して、日頃から、敬意を込めた接し方、話し方を心がける。上から目線の言動は示さない。

◎自分とは異なる考え方や意見を述べる人を避けたり、嫌ったりする態度はどんなことがあろうとも示さない。異なる意見をポジティブに受け止めるという姿勢を貫く。

◎意見の合う人だけで自分の周りを固め、意見が合わない人を

排除するような姿勢は決して示さない。すべての人を受け入れ大切にするという姿勢をもち続けるよう心がけなければならない。

◎たとえ部下がミスを犯したときでも、強い叱責口調で相対《あいたい》するのは厳禁。相手の心は離れるだけで終わる。リーダーシップを発揮する立場になれば、叱責口調、命令口調などは、パワー・ハラスメントとの申し立てを部下から起こされる可能性がある点を心すべきである。

## 不勉強・勉強嫌い上司

**特徴**　このタイプの上司は、自分が勉強嫌いなのはいうまでもないが、**他の職員が勉強をするのも嫌う**という特徴がある。「自分の不勉強さを見透かされるのではないか」という不安感、あるいは嫉妬心が根底にあるからだ。部下たちに「勉強なんてやっても頭でっかちになるだけ」「現場では役に立たない」と吹聴《ふいちょう》し、勉強しない組織づくりに専念する傾向も強く示す。今や福祉以外の世界では、上司の重要な役割は「学習する組織」（Learning Organization）の推進と確立であるとみなされる時代になっているのに、まったく逆方向に突き進むという特徴がある。

**架空事例**
救護施設で働くＡ氏は、課長との面談の場で、こんなお願いをする。「今年度から、社会福祉士の資格取得のために通信教育を受けることになりました。職場に迷惑をかけないようにしますので、よろしくお願いします」。課長は、「社会福祉士？ 最近、みんな資格、資格って言うけど、迷惑かけないって言っても、通信教育だったらスクーリングがあるわけでしょ。勤務の調整もあるんだからね。きちんと役に立つ資格だといいんだけどさ。頭でっかちになって、勘違いする人もいるから困るんだよね」と自分の資格に対する考えを一気に捲したてた。A氏は「そんな言い方はないだろ！」と言いたい気持ちはあったが、グッとこらえた。

**［“頼れる上司・リーダー”になるために学ぶべき教訓］**

**◎誰もが積極《せっきょく》果敢《かかん》に学ぶ環境づくりはリーダーの重要な使命**である点を忘れないようにする。

◎他の職員の学ぶ意欲を揶揄《やゆ》したり、批判したりするような言動は示さない。

◎学ぶこと自体が目的化して、それを業務に活かすことができない職員がいる場合は、学びを実践に活かすことの大切さをわかりやすく丁寧に教えるようにする。

## 意見集約力・議事進行力・決断力ゼロ上司

**特徴**　部下の意見・提案を集約し、方向性を決める。会議の進行役を務めてチーム・部署の方針について合意形成する。議論百出《ひゃくしゅつ》で合意が容易ではない案件については、決断力を発揮し方向を明確にする。これらは、リーダーシップを示す立場にある人の重要な役割である。が、意見集約力・議事進行力・決断力ゼロ上司は、それができない。部下からの提案をどう扱えばよいかわからず、結果的にいつもスルーした状態で終わる。会議の場でも、意見や提案が集約できない。議論や議事のまとめ方も稚拙で、何が決まったかよくわからない状態で終わる。その結果、部下たちは、上司に対する嫌悪感を募らせるようになる。

この思いは職員間で共有され、「もう発言するのをやめよう」といった思いを抱くようになる。会議は大事な事柄についてほとんど何も決まらないし、合意形成もできない〝死に体〟に陥る。利用者に関する支援会議（ケース会議）の場合は、さらに被害が甚大だ。意見がまとめられず、よりよき支援の実現や問題解決に向けた合意形成ができずに終わってしまう。

**架空事例**　身体障害者支援施設（入所型）で働く支援課長は月一回の職員会議でいつものように進行役を務めた。クレームを寄せてきた利用者への対応を話し合う時間になると、さまざまな意見が出て議論百出《ひゃくしゅつ》の状態。しばらくすると、中堅職員A氏が示した対応策に多くの職員が同調の姿勢を示す。誰もがA氏の案で採用されると思っていたが、司会進行役の支援課長はこう宣言する。「いろんな意見が出てきて、意見の集約は無理のようですので、この件は継続審議ということにしましょう」。結局、何の方針も決まらずに会議は終わってしまった。

## ［〝頼れる上司・リーダー〟になるために学ぶべき教訓］

◎リーダーの仕事は、さまざまな意見を集約して、チームメンバーが納得できる合意形成を行っていくこと。これができなければ、チームの一体感は薄れるし、部下から「意見がまとめられない上司」とのレッテルを貼られ信頼も得られない。

◎会議の開き方、進行方法について勉強し、活発な意見交換と意見集約、整理の方法を着実に身につける。

◎部下から意見や提案がなされているときは、何を提案しているのか、頭のなかで強く意識しながら整理に努める。**部下の発言を要約し、「今の発言は○○という提案でした」と伝えるのも効果的。**司会者が要約することによって、他の職員も発言者の意見・提案をあらためて確認でき、しっかりと脳裏に焼きつけられるようになる。

## 行き当たりばったり山勘上司

**特徴**　思いつき発言が得意。経験と直感（勘）だけで仕事をする。本人は経験が十分にあると思い込んでいるが、ただ勤務経験が長いだけ。日々の業務を振り返るという習慣がないので、血となり肉となる経験になっていない。

多くの職員は「思いつきで指示を出されて困る」「結局自分たちが尻拭いをしなければならなくなる」「いっそのこと、何もしないで、引っ込んでいてほしい」などと、不満噴出の状態。

では、直感は不要なのか、といったら、そうではない。未知の取り組み、これまで経験したことがない問題の解決、課題達成にチャレンジする際は、集めたくてもデータや根拠が揃わない。先例も存在しない。そんななかでも、リーダーは決断を迫られるし、行動を起こさなければならないケースがある。

その際に、必要となるのが、直感だ。とはいえ、この場合の直感は、単なる思いつきの山勘といった次元のものではない。シンクタンク・ソフィアバンク代表である藤沢久美は、リーダーの決断には直感が必要だと前置きしたうえで、「直感とは、考えに考えて考え尽くした末に、ふと浮かび上がってくる決意」であり、単なる思いつきでも山勘でもないと強調している。[*1] リーダーとして直感に頼りつつ決断を下す場合は、誰よりも深く深く問題・課題を掘り下げ、熟考に熟考を重ねたうえでなされなければならない。

**架空事例**

介護老人保健施設の看護部・介護部統括部長は、ミーティングの場で、こう部下に宣言する。「今度、入浴介護の手順と方法を見直すことにするので、よろしくね」。驚いた介護主任A氏は、「どのように見直すんですか」と質問する。部長は、「そこを考えてほしいのよ。今のままではよくないと思うから」。この発言に職員はあきれ顔。部長は看護職員として経験はあるものの、現場にはあまり顔を出していない。にもかかわらず、突然、業務の手順や方法を見直すと言い出す癖がある。なぜそうするのか、説明が不十分なので、部下からすれば、思いつきで言っているとしか思えない。

### ［〝頼れる上司・リーダー〟になるために学ぶべき教訓］

◎新しいことを提案したり、改善に向けた要望を示したりする場合には、「わかりきっていることだから詳しく説明するまでもない」という態度で臨まない。説明を尽くす姿勢を基本原則とする。

◎自分の考えを他者に示す前に、考えを整理する時間をしっかりともつ。その際には、①何を提案したいのか、伝えたいことを整理する。②なぜ、その提案が重要なのか、提案を受ける人が納得できるような根拠を明確にする。③聞き手（部下）

にとってわかりやすく、心から納得できる伝え方を工夫する。
◎自分の提案に対して、部下から質問が投げかけられたときは、ポジティブな姿勢で受け止める。「楯突いている」ととらえるのではなく、職場をよくしたいと思っているからこそ質問してくれるのだ、という前向きな視点で受け止めて、丁寧に説明をする。
◎日頃から部下とコミュニケーションを取り、今、各チーム、各部門、各部署では何が起こっているか、現状把握に努める。こうした取り組みを通して、担当チーム・部門・部署の状況を把握したうえでの発言であるということが相手にわかる存在になるよう心がける。

## ノービジョン&ノーアンビション上司

**特徴**　このタイプの上司は、これからチーム・部門・部署・組織全体をどうしていくのか、ビジョン（展望）が示せない。ここでいうアンビション（ambition）とは、ボーイズ・ビー・アンビシャス（Boys, be ambitious. 少年よ、大志を抱け）の大志と同じ意味だ。福祉職場のリーダーが抱く大志の場合は、成長と発展につながる夢とロマンを抱く、という意味で用いる。
ビジョンや志を示せない上司のもとでは、部下のフラストレーションは溜まりやすくなる。先行きがみえないと人は不安心理に駆られるからだ。不安心理が高じれば、当然のごとく、不安をもたらす上司への信頼感は薄れる。強い苛立ちを抱くようになる。

架空事例

Ａ氏が働く母子生活支援施設で主任支援員を務める上司は、部下にとって大きな不満をもたらす存在となっていた。その原因は、自分が何をしたいのか、一切語らないことにあった。元来、寡黙な性格であり、職員との会話はいつも必要最小限なものにとどまっていた。「自分が主任として何をしたいのか」「母子生活支援の現場で何を成し遂げたいのか」、語ることはない。

チームが進むべき方向を明確に示さないので、職場はマンネリに陥っていた。熱い思いをもつ職員にとっては生ぬるい環境でフラストレーションが溜まる職場環境になっていた。

職員の間からは、「職員としてはいい人かもしれないが、リーダーとしては失格ではないか」と手厳しい声があがるようになった。

### 〔〝頼れる上司・リーダー〟になるために学ぶべき教訓〕

◎自分が働く事業所には、どのような期待が社会（利用者、家族）から寄せられているのか、どのようなレベルや内容のサービスを提供することが要求されているのか、情報収集を行い、理解に努める。同時に、五年後、一〇年後にはどのようなレベルや内容のサービス提供を実現することが期待されているのか、中長期的な視点からの展望を整理するという取り組みに着手する。

◎そのうえで、リーダーとして担当部署をどうしていくか、ビジョンを明確にする作業に取りかかる。

◎明確にしたビジョンは、担当部署職員に可及的速やかに伝達する。そのビジョンに向かって、ともに力を合わせて進むよう働きかけるようにする。
◎ビジョンの明示後は、担当部署があるべき方向に向かって進めるよう当面の重点目標と達成計画の立案に取りかかる。立案した計画は、適宜実行に移す。こうした取り組みを通して、ビジョンに向かって着実に突き進む組織文化（チームカラー）の醸成を図っていく。

## いつも不機嫌オーラ全開上司

**特徴**　このタイプは、いつも不機嫌そうな表情や態度で働く上司で、部下が近寄りがたい強烈なオーラを出しまくる。他の職員にまともにあいさつしない。口調はぶっきらぼう。部下や後輩職員に対しては、あからさまに不機嫌オーラを浴びせることもある。

不機嫌な表情を日常的に見る状態が続くと、さすがに職員は気が滅入ってくる。嫌悪感ともいえるような思いを抱くようになる。

最も大きな心的ダメージを受けるのは、新任職員や経験年数が浅い職員だ。不機嫌な表情を見る度に、「何か悪いことしたのかな」「嫌われているのかな」といった強い不安感にさらされる。業務のパフォーマンスもあがらず、早期離職の決断に追い込まれる場合もある。

架空事例

救護施設で働き始めたA氏は、係長に対して何となく苦手意識を感じるようになった。就職後、五か月経ったのだが、未だまともにあいさつをしてもらったことがない。出勤時にすれ違うときには、自分からあいさつするよう努めている。が、不機嫌そうな表情を示すだけでまともにあいさつを返してくれない。「何か気に入らないことをしてしまったのだろうか」と振り返るが、何一つ、思い当たる節はない。先輩に相談したところ、「係長はいつもあんな感じだから、気にしないほうがいいよ」というアドバイスを受ける。「なるほど。だったら気にするのやめよう」と心に誓ってはみた。しかし、係長の顔を見るとやはり気になってしまう。最近では、陰鬱な気持ちのまま一日を過ごすことが多くなった。利用者にも笑顔で接することができなくなった。A氏は心機一転を図るため、離職を決意した。

### 「〝頼れる上司・リーダー〟になるために学ぶべき教訓」

◎不機嫌な態度はともに働く仲間を不安にさせてしまう。リーダーシップを発揮する立場にある人はこの点を心にしっかりと刻み、常に安心感を与えるような態度や表情で働くよう心がける。
◎リーダーは、部下に対してはいうまでもなく、誰に対しても、笑顔であいさつを心がけなければならない。笑顔は人の心をリラックスさせる注目すべき作用がある。あいさつは、あなたのことを大切にしていますと相手に伝える最良かつ最強のコミュニケーション手段となる。

◎部下が不安になるような態度や姿勢は働く意欲を根こそぎ奪ってしまう。自分が無意識のうちに示す仕草、立ち居振る舞い、動作、言動に、人を不安にさせるようなものはないか、振り返り、万が一、見直すべき点が明らかになった場合は、先送りせず、必ず、修正に努める。

◎万が一、部下として働く職員のなかに、不機嫌オーラを示す人がいる場合は、その状態を放置してはいけない。話をする機会を速やかにもち、何がその職員を追い込んでいるのか、原因の把握に着手する。プライベートなことで困難を抱えている、何らかの理由で心が不安定な状態に追い込まれているなど、原因が浮かびあがってきた場合は、解決に向けたアドバイスをする。

## 朝令暮改上司

**特徴**　朝令暮改上司とは、言うことがコロコロ変わり、部下を混乱させる上司を指す。得意技は、以前示した方向とはまったく逆の意見を示したり、言い出したりすること。しかし、部下の目は節穴ではない。意見がコロコロ変わる上司だということがわかると、指示に馬耳東風で受け流す姿勢を示すようになる。

指示通りに動いてくれないことに対して、上司が「きちんと動いてくれなきゃ困るじゃないか」と不満感を露わにしながら捲したてるとどうなるか。部下の心は完全に離れていく。「勝手なことばかり言って。振り回される私たちの身になってくれよ」と、正面向かっては言わないが、部下の心はこんな思いで一杯になる。

**架空事例**

ある知的障害者施設の施設長は新し物好きだ。何か新しい情報があると、すぐに飛びつき、施設内に取り込もうとする。他方、熱が冷めるのも極めて早い。

先月、知的障害者に対する新しい支援の試みに関する研修会に参加して感銘を受ける。早速、支援キットを買い込み、「この新しい支援を始めるからよろしく」と職員に伝達。主任のA氏が中心となって、まずは支援方法を勉強し、導入に向けて準備する運びとなった。

しかし、それから一か月もしないうちに、施設長はA氏をつかまえ、こう指示を出す。「この前、知り合いの施設長に連絡したら、高齢の知的障害者に対する介護技術を勉強し始めたと聞いた。うちも勉強会を開いて、正しい介護技術を学ぶことにしよう。準備頼むね」。

A氏は、「でも、この前、新しい援助技術を取り入れる指示を受け、その準備に手一杯なんですけど……」と答える。施設長は間髪を入れず、こう答える。「あの件はもういいや。高齢の利用者への対応を先にして」。

部下の立場であるA氏は、施設長の指示に「はい、わかりました……」と答えるしかなかった。

**［“頼れる上司・リーダー”になるために学ぶべき教訓］**

◎思いつきで何の説明もなく、意見をコロコロ変える状態が続くと、やがて誰も意見や提案に心から耳を傾けなくなる。

◎新しい試みへのチャレンジは、職場の発展に貢献できるワクワク感と同時に、「うまくいかなかったらどうしよう」「うまくやれるか心配」などといった不安感を職員にもたらす。だからこそ、方針がコロコロと変わり、混乱をもたらさぬよう細心の注意を払うよう心がける。

◎一度、ある決断を下し、その方向に動き始めたものの、その後、状況が急変し、撤回しなければならないという事態は起こりうる。万が一、そうした事態が生じた場合は、誠意ある態度で、説明を尽くすよう努める。リーダーシップを発揮する人の重要な役割は、一度出した提案をどんな状況があろう

とも決して引っ込めないことではない。先に出した提案に不十分な部分があり、最善の成果が出せないと気づいたときには、撤回を躊躇しない姿勢をもつ。もちろん、そのときには、部下の理解と納得が得られるよう、説明を尽くすのが基本原則である。

## 〝上司の品格〟欠落上司

**特徴** このタイプの上司には、言動に品がない、立ち居振る舞いに品がない、身だしなみから上司（リーダー）としての品格が伝わってこない、などといった特徴がある。荒々しく下品な態度、言動、立ち居振る舞いは、他者に不快感を与えるだけでは終わらない。部下を不安心理に陥らせる。働きやすい組織づくりの大きな妨げとなる場合がある。部下からの信頼感を失わせる大きな要因にもなる。

しかるべき立場にある職員の品格なき言動や身だしなみは、福祉という職種（仕事）に対する社会的評価の低下をもたらすこともある。

**架空事例**

ある障害者就労支援センターの施設長は昔から身だしなみには無頓着な傾向にあった。役職上、外部者と会うことが多く、ワイシャツ、ネクタイ、背広は着ているのだが、ヨレヨレの状態で見苦しい。ワイシャツの一番上のボタンがきちんと留められていないし、ネクタイも結び方が中途半端でみっともない。就労支援センターの〝顔〟としてはいかにも頼りない。

部下への話し方も、粗野で品がない。「今日も天気わりぃねぇ。やってらんねえよな」「またさぁ、○○さんがやらかしちゃったみたいなんだよね」といった話し方で、部下からすれば、「今、仕事の話をしているんですか?」「上司がそんな話し方をしていいんですか?」と問いたくなるレベル。とても仕事中の話し方とはいえないような言動、品格なき立ち居振る舞いに部下たちは辟易《へきえき》とする状況になっている。

## 〔〝頼れる上司・リーダー〟になるために学ぶべき教訓〕

◎たった一人の品格なき言動、立ち居振る舞い、身だしなみが、社会的評価の失墜になる可能性があることを強く意識する。常に職業威信（職業に対するブランド価値）が高まるような言動、立ち居振る舞い、身だしなみを心がけるようにする。

◎気さくな態度が、他者から見ると「不適切だ」と指摘を受ける場合がある。どのような言動、立ち居振る舞い、身だしなみが望まれるのか、他者視点を必ず考慮する必要がある。

◎一人の社会人として、そして、リーダーとして、どのような言動、立ち居振る舞い、身だしなみ、マナーを習得する必要

があるのか、情報収集し、学ぶよう努める。

◎職場内での同僚、部下、後輩に対する態度や姿勢にも礼儀と節度が必要である。礼節ある態度でも、気さくで、親しみのある、話しやすい関係は作ることができる。職場内で多くの職員が「友だち言葉」を用いるようになると、気持ちが緩んだ危うい職場と化すケースがある。また、利用者とのふれあいよりも、職員同士の気楽な会話を優先する、利用者不在（あるいは利用者ニーズ後回し）の職場に陥ってしまうケースがあるので要注意だ。

## 前世紀の遺物上司

**特徴** 考え方が時代遅れなのに、本人に自覚なし。業界内の常識が変わり、そのレベルの業務内容では評価されない時代であるのに、「昔からこうやっているから問題ない」と思い込んでいる。

熱い思いをもった部下が新しい考えを提案してもどこ吹く風で、聞く耳をもたない。能力のある部下は、変わらない、動かない、聞かない上司の存在に、当初は怒り心頭だが、批判にも動じることなく受け流す上司の姿勢にあえなく撃沈。「ダメだ。この上司は。何を言ってもまったく通じない」と、完全に失望状態に陥る。

この心理状態に陥った部下は、やがて二者択一を迫られるようになる。一つは、もてる力を存分に発揮できないまま、不完全燃焼状態で職場を去るという選択。もう一つは、新たな提案や業務改善への試みをすべてやめ、前世紀の遺物と化した業務を何の疑問もなくこなすだけの業務スタイルにどっぷりと浸かり、能力完全喪失の状態に陥るという選択である。

架空事例

社会福祉協議会職員のＡ氏は、社協が運営している知的障害者作業所（就労継続支援Ｂ型）について、課長にこんな不安を表明した。「この間、利用者のご家族から、『作業内容が利用者のニーズに合っていない』との指摘があったと、作業所の職員から報告がありました。作業内容の見直しを伝えようと思うんですが……」。課長は間髪を入れずこう返した。「でもさ、言ってきたのは一人だけでしょ。他の家族からは何も言ってきていないから、そのままでいいんじゃないかな」。

Ａ氏は「確かに、言ってきたのは一人だけですが、もう何年も同じ作業内容でマンネリ気味です。他の就労継続支援Ｂ型事業所を訪ねると、新しい作業や活動をどんどん取り入れています。うちの作業所も、そうしたいのですが」。課長はしばらく黙り込んだ後、「何か言ってきたのは一人だけなんだよね。だったら、無理しなくていいんじゃないの。下手に変えると、利用者が混乱するよ。あなた責任取れんの？」。この時点でＡ氏は引き下がることを決意。しかし心の中ではこう呟いていた。「いつも、課長は結局何も変えようとしない。うちの社協は、あの課長がいるかぎり永遠に変わらない」。

### 〔"頼れる上司・リーダー"になるために学ぶべき教訓〕

◎今、自分がリーダーシップを発揮する領域ではどのようなレベルの業務、介護、支援の実現が求められるのか、福祉系月刊誌・専門誌、新聞・テレビなどのニュース報道を通して、理解する。

◎「達成が求められる業務レベルは常にあがり続ける。過去と同じレベルにあるのは実質的にはレベルダウンを意味する」という教訓を常に強く意識しながら業務に勤しむ。

◎「業務のレベルアップを図りたい」という思いをもった部下からの提案に対しては、前向きな姿勢で傾聴する。提案内容が不十分な場合、提案の根拠が不明確な場合は、その旨を本人がわかるように伝え、バージョンアップするようアドバイスする。

◎職員が、「うちの職場はどんどんレベルアップを図っていく前向きな事業所だ」と心の底から実感できる組織風土づくりを着実に推進していく。

## 虎の威を借るキツネ上司

**特徴** このタイプの上司は、誰か他の強大な力を有する人の権勢を借りて、威張り散らすという特徴がある。自分だけでは他者に対峙《たいじ》する自信がないので、誰かの威光を笠に着て、上から目線の接し方を部下に示すというのが典型的な行動パターンだ。

得意技はこれ見よがしに、威光ある人のまわりを動き回ること。この人とは仲がよいから、守ってもらえる。そんなことを他の職員にアピールするかのような行動を示す。

威光ある人にはしっかりとかしずき、何かと世話を焼き、徹底的に気が利く人を演じる。そのため、威光ある人はすっかり勘違いする。「とても気が利くいい人だ」「どんなことも嫌がらずにやってくれる」。そんなふうに思い込み、ある一定のポストに就かせてしまう。

このタイプの人が、上司の立場になれば、部下は大変な目に遭う。権力者然とした傍若無人で横柄な態度を示すようになる。部下は堪え忍ぶしかない状況に追い込まれるため、職場環境は急速に悪化する。業務レベルも目も当てられないほど、低空飛行状態になる。

**架空事例**

ある児童養護施設の課長は、職員から疎まれる存在であった。何かと施設長の名前を出して、仲の良さをアピールするからだ。

部下にとって困るのは施設長の威光を笠に着て、威張り散らす態度を頻繁に示すことだ。自分の思い通りに動いてくれないと思う部下には、傍若無人な言動がエスカレート。

「いくら言っても聞いてくれないんだったら、仕方ないね。施設長に言ってもらうしかないな。最近、イライラしていることがあるんで結構大変だよ。そうなったら、俺でも手が付けられないから覚悟するしかないね」と脅しをかけ、自分に従わせようとする。

[〝頼れる上司・リーダー〟になるために学ぶべき教訓]

◎人の威光を笠に着る姿勢を少しでも見せると、部下からは、力がないのに威張り散らす情けない上司とみなされ、尊敬と信頼は得られなくなる。

◎虎の威を借るような行動を示し始めると、感覚が麻痺してくる。実は他者が自分の指示に何も言わず従ってくれるのは、自分にリーダーシップがあるからではなく、背後に威厳のある人がいるからだ、ということに気づかなくなる。自分を過大評価する姿勢に陥りやすいので要注意。

## 何でも知りたがるノージー・パーカー上司

**特徴** ノージー・パーカー（Nosey Parker）とは、何でもかんでも根掘り葉掘り知りたがる人を指す英語表現だ。他者のことをあれこれ詮索し、知ろうとする迷惑な人といった意味合いで用いられる。

ノージー・パーカー上司は、まさにこのタイプ。複数の部下が何か話している場面があると、気になってしょうがない。何を話しているのか、何とかして知ろうとする。わからないとイライラし、機嫌が悪くなる。

部下にとって困るのは、とにかく何でもかんでも自分のペースで知ろうとすること。リーダーであれば業務に関して知ろうとするのは当然のことだが、少しでも報告が遅いと判断すると、烈火の如く怒り出す。自分の思うようなスピードで報告があがってこないと、不快感を露わにする。部下としては、これから報告しようと思っていたり、もう少し事態が明確になってから報告しようと思っていたりするケースがほとんどで隠すつもりはなかったのに、「どうして報告しなかったんだ」と一方的に責めるような口調で捲したてる。

知りたがる内容は、業務関連ばかりとは限らない。職員個々のプライバシーについても不必要に知りたがり、部下たちを閉口させる。

**架空事例**

ある特別養護老人ホームの介護主任は、夕刻になると、急に不機嫌な表情を見せた。原因は、昼食後、Xユニットの利用者が他の利用者と口論になり、杖で叩こうとしたことについて、すぐに部下から報告がなかったからだ。といっても、ユニット職員A氏の報告が極端に遅かったわけではない。二人の利用者を別々になだめ、落ち着いてもらうよう、懸命に対応していた。報告は、夕食前の時間にごく手短なものとなったが、これも利用者がちょっとしたきっかけでまた興奮状態になる恐れがあったからである。

　このように、主任は日頃から、現場の状況を度外視して、何でもかんでも報告を要求してくる傾向があった。

　また、主任は職員のプライベートに関しても同様の態度を示していた。他の職員が知っている事柄を自分が知らなかったことがわかると、仲間はずれにされたと勝手に解釈し、不機嫌オーラを出しまくる。ユニットを訪ね職員と顔を合わせると、決まって発せられるのが職員のプライベートに関する質問。その結果、主任は職員にとって近くに来てほしくない、気が重い存在となってしまっていた。

### ［〝頼れる上司・リーダー〟になるために学ぶべき教訓］

◎業務に一切関係のない職員のプライベートを根掘り葉掘り聞くような行為は、聞き方や聞く際の態度によっては、人権侵害行為（ハラスメント行為）とみなされるケースがある。部下や後輩のプライベートに不用意に立ち入らないよう心がけなければならない。
◎リーダーシップを発揮する立場になったら、リーダーとして何を他の職員と情報共有する必要があるか、リストアップし、整理する作業に取りかかる。続いて、情報共有がスムー

ズに行くようにするためにどうすればよいか、具体的方法の確立に向けて知恵を絞る。

## 評論大好きノー・アクション上司

**特徴**　部下にとって、このタイプは極めてやっかいだ。何でも知っているかのような自信満々の表情で持論を展開する。理論家然とした話しぶりで、巧みな話術を駆使するため、聞き手の部下は「へー、そうなんだ」「その通り」と信じてしまいやすい。

でも、お見事なのは話しぶりだけ。自分の主張の裏づけとなる明確な根拠は何も示せない。「あるべきだ」「こうすべきだ」と〝べきだ論〟を振りかざし、非の打ちどころがない正論を唱えているような印象を受ける。だが、「○○すべきだ」と言っているのは、根拠を示せないからにすぎない。

部下にとって、困るのは次の二点だ。一つは、見事な弁舌で評論するので根拠なき話をつい信じてしまうこと。もう一つは、得意なのは評論活動だけで、行動力や実行力はゼロに等しいことだ。問題解決や目標達成に向けて、具体的指針を示すこともないし、自らが率先して行動を起こすこともない。担当部署（チーム）に対しては、口先だけの無責任な介入に終始し、ノー・アクションを決め込む。

もちろん、部下の目は節穴ではない。ある一定期間ともに働けば、すぐに化けの皮がはがれる。

「この上司はいつも偉そうに評論するだけで、何も行動を起こさない。ホント迷惑！」。心の中ではこんな強い不満感を抱くようになる。

架空事例

知的障害者施設で支援員として働くA氏は経験二年目。数か月前、彼の部署には、新しい支援課長が異動でやってきた。当初、A氏は、新課長の異動を心から喜んでいた。なぜなら、異動後、課長は今後の方針を昨今の福祉の動向を踏まえながら、見事な弁舌で示してくれたからだ。高い見識と自信に裏づけられたかのような話し方にA氏は胸が一杯になった。「いい人が課長として来てくれた」と心から喜んだ。

ところが、喜びは長続きしなかった。課長の弁舌は滑らかだが、「これから何をしていくのか」「どのような方向に進んでいくのか」「そのためにどのようなアクションを起こすのか」といった肝心なことについては何も言及しない。ただ「ああすべきだ」「こうすべきだ」といったことを、専門用語を駆使しながら語るだけ。「何だ。これじゃ口先だけで何もしない評論家と同じじゃないか」。A氏の課長に対する期待感は地に落ち、ゼロどころかマイナス状態になった。「ただ何か語るだけで、まったく頼りにならない」「課長としての役割を果たしていない」。まさに、はらわたが煮えくりかえる思いで一杯になっていた。

## ［“頼れる上司・リーダー”になるために学ぶべき教訓］

◎評論活動に終始するのは、リーダーの仕事ではない。やるべきことを的確に把握し、実行に移す。そして、やり遂げていくことこそが、リーダーが果たすべき使命である。部下とともに、やるべきことを成し遂げ、成果を積み重ねていく。担当するチーム、部門、部署が着実に成果をあげられるようサポートしていくことが、リーダーには求められているのである。

◎リーダーが部下・後輩にまず伝えなければならないのは、組織が掲げる理念や広く認知されている福祉理念、職業倫理に基づくリーダーとしてのビジョンであり、思いだ。そして、ビジョンに向かって進むための、具体的なアクションプラン（行動計画）についても言及する。「何を」「何のために」「いつからいつまでの期間に」「どのような手順や方法で実現していくのか」について、明確な見通しを示さなければならない。

◎目標達成に向けたアクションプランは、リーダー単独で作る必要はない。他の職員との協働作業で作りあげてよい。一緒に作っていけば、職員の育成につながり、職員との一体感の醸成につながっていく。

## 意味不明指示リピート上司

**特徴**　全く要領を得ない意味不明の指示しか出せない上司は、部下に大きな混乱と不安感をもたらす。

業務上、上司が発する指示は、基本的には職務命令に当たる。指示に十分に応えられない場合、部下は責任を問われる。だからこそ、上司から受けた指示を的確かつ十分に理解するのは、部下にとって重大事だ。

ところが、上司に指示を出す力が備わっておらず、皆目見当がつかない場合はどうなるか。当然、指示内容を確認することになるのだが、指示をうまく出せない上司は確認されることを極端に嫌がるというやっかいな特性がある。

部下が思うように動いてくれないのは、上司である自分がうまく指示を伝えられないことに原因があるのに、本人はそれに気づいていない。相手に非があるととらえる傾向がある。部下を頭ごなしに叱りつけるという言動を示す場合もある。

**架空事例**

社会福祉協議会職員Ａ氏は、係長に面談を申し入れた。午前中の指示が、どんな内容か理解できなかったからだ。面談時、その旨を伝えると、係長は激昂。「もうすでに説明したろっ。

何年、ここで働いてるんだよ。いいよ。もう、頼まないから！」と捲したてる。A氏は、お詫びを入れてその場を去るしかなかった。

## 〔〝頼れる上司・リーダー〟になるために学ぶべき教訓〕

◎部下や後輩が自分の指示を理解してくれないという事態に直面したときは、相手を責めるという姿勢を示すのではなく、指示の出し方に問題がないか、まずは振り返る姿勢をもつ。

◎自分の指示の出し方、すなわち、伝え方に問題があることがわかった場合は、理解につながるようなコミュニケーションの工夫をする。具体的には、指示を出す前に、何を伝えたいか、なぜそれを伝えたいと思っているのか、確認する。そのうえで、「何を」「何のために」「いつからいつまでに」「どのような手順や方法で」などを意識しながら、伝えるようにする。

◎部下に、「何を」「どうするのか」、考えてもらう場合であっても、指示を出す上司自身（リーダー自身）が「何を」「どうすることを求めるのか」という点について見当をつけておくことが必要だ。そうでなければ、指示を受けて、部下が動き始めたとき、期待通りに動いているか、判断できないからだ。また、途中で質問を受けたとき、「何を」「どうするのか」、明確な指針が示せないからだ。

◎指示出しが上手なリーダーになるために、今、自分にはどのような使命や役割を果たすことが求められるのか、常に思いを巡らし、明確にするよう努める。把握した使命と役割を果たすために、自分は何をするのか、部下とともに何をしていくことが必要となるのか、考えるようにする。

## いつでも青春熱血暴走上司

**特徴** このタイプの上司は、暴走するという特徴がある。一見すると、熱血青春ドラマに出てくる主人公のように、夢に向かって突き進んでいるようにみえる。だが実態は大きく異なる。熟慮、熟考を積み重ねて、走り出しているわけではなく、思いつきで、突然、走り出しているのだ。この点は、「行き当たりばったり山勘上司」（141頁参照）と大きな共通点があるが、違いは暴走する点。思いつくなり、行動を起こし始めて、部下を巻き込む。ためらっていると、「なぜついてこないんだ！」と責め始めるので、部下も付き合わざるを得なくなる。どこに向かっていくのかわからない道をひたすら走るしかなくなる。

思いつきの行動の最大の問題は、ゴールがみえていないこと。具体的にどこを目指しているのか、どこにたどり着こうとしているのか、ゴールがわからない旅路に付き合わされる職員は心身ともに疲弊、消耗してしまう。組織全体がバーン・アウト（Burn-out）の状態に陥る。

架空事例

ある身体障害者施設の主任は、苛立ちを感じていた。部署内の会議で、新たなレクレーションプログラムを提案したが、他の職員が乗ってこないからだ。

「どうしてみんな黙ってるの。利用者さんも喜んでくれるよ。返事がないってことは、賛成でいいんだね。じゃ、決まりだよ」。

そう言って、この話を終わらせようとしたとき、一人の職員Ａ氏が手を上げ、こう発言する。「まだ、みんな思案中なんです。利用者さんも喜んでくれるよって言いますけど、利用者さんたちは、別のことをやりたいって、私には言っていましたが……」。

ここまで言ったところで、主任は口を挟む。「そんな後ろ向きのこと言わないで、もっと前向きに考えてよ。走りながら考えるという考え方もあるんだから、とにかくやってみよう」。

あまりの勢いに誰も口を挟めない。結局、主任の意見が通る形で、会議は終了した。しかし、職員の表情はとても晴れやかといえるものではなかった。

なぜ、職員の表情が曇っていたのか。理由は明白だ。主任のいつもの暴走行為だからだ。行動を起こす際の説明もいつも不十分。「絶対大丈夫」「必ずうまくいく」が口癖だが、根拠をわかるように説明したためしがない。

その結果、うまくいかないと、「どうして、協力してくれないんだ」「みんなが協力してくれなかったからうまくいかなかった」と、すぐに人のせいにし始める。

他の職員はネガティブなのではないし、後ろ向きなのでもない。暴走をやめない主任に対して、これ以上、暴走せぬよう冷静かつ慎重な姿勢を示すようになっているのである。

## 〔〝頼れる上司・リーダー〟になるために学ぶべき教訓〕

◎思いつきの暴走を繰り返すと、チームは疲弊し劣化する。リーダーはあてもなく、ただ前だけに突き進む暴走列車に成り果ててはならない。

◎自分が行った提案に対して、部下・後輩が乗り気ではない反応をしたとき、冷静に、提案内容や提案の仕方に問題がなかったか、振り返り点検する姿勢を示す。まかり間違っても、部下にやる気がない、後ろ向きであると決めつけるような発言はしない。万が一、部下の姿勢に問題があることが明らかになった場合には、何が彼らをそういう姿勢に追い込むのか、原因を明らかにする取り組みに着手して、解決策を講じていく。

◎リーダーに求められるのは、明確な目標を共有し、その達成に向かってチームを導いていくことである。メンバーとの相互理解と信頼をベースとして、目標達成に突き進むチームカラーを作りあげることである。

◎チームメンバーとともに目標達成に向けて行動する際のキーワードは、ワン・フォー・オール、オール・フォー・ワン（One for All, All for One）。往年の名ラグビープレーヤー平尾誠二

は、「ワン・フォー・オールは、一人はみんなのために、という意味だ」と前置きしつつ、「オール・フォー・ワンは、みんなが一つの共通の目標達成に向かって突き進む、との意味だ」と解説している。[*2] 福祉の組織を動かす場合も、共通の目標を明示し、その達成に向けて行動を起こすよう働きかけていく、リーダーシップの発揮が求められている。

## ハラスメント上司

**特徴** このタイプの上司は、パワー・ハラスメント、セクシャル・ハラスメント、エイジ・ハラスメント、モラル・ハラスメント、マタニティ・ハラスメントなど、何らかの形のハラスメント行為[注]に手を染めてしまった人を指す。

本来、管理監督者のポジションにある上司が果たすべき重要な使命の一つは、働きやすい職場環境の確立である。その一環として、職場をハラスメント・ゼロの環境にしていくことが挙げられる。その役割を果たすどころか、〝加害者〟と化しているのが、「ハラスメント上司」である。

[注]……パワー・ハラスメントは上の立場にある上司が部下に対して職務権限を振りかざし、相手の権利を侵害する行為。セクシャル・ハラスメントはあらゆる形態の性的いやがらせ、不快感をもたらす行為。エイジ・ハラスメントは、相手の年齢をことさらに強調し、年齢に見合う何らかの行為ができないと決めつけ批判し、相手を貶めたり、辱めたりするような行為。モラル・ハラスメントはさまざまな言動で相手の心を傷つける行為。そしてマタニティ・ハラスメントは、職員の妊娠あるいは関連する出来事を否定したり、批判したりする行為を指す。

このタイプの上司は、自分に甘いという特徴がある。客観的に考えれば、誰がみても、問題とわかるような言動に及んでいるのに、「これくらいは問題ない」と甘い判断をする。加えて、自分本位の勝手な判断を得意とする。明らかにハラスメント行為と認定されるような行為なのに、「いや、そんなつもりはなかった」と言い張る。パワー・ハラスメントの場合、「部下を指導しただけで、問題ない」と認めようとしない。実際には、指導や注意の範疇《はんちゅう》を逸脱した言動なのにそれを直視しようとしない。自分に甘いうえに、自分の行為を客観視できず、自己都合の勝手な解釈をする危うい側面をもち合わせている。

**架空事例**

ある知的障害者施設の課長（男性）は、利用者および家族からは評判がよかった。話し方がソフトで、優しさが伝わってくる物腰を示していたからだ。ところが、職員からの評価は違った。できれば距離を置きたい、距離の取り方を間違っている、という見方を多くの職員がしていた。

なぜか。女性スタッフに接するときの話し方がなれなれしいからだ。例えば、一部のお気に入りと思しき女性スタッフ数名には「○○ちゃん」と話しかけている。内容もセクシャル・ハラスメントとみなされる言動のオンパレード。彼氏がいるか、彼氏は何をしているか、デートはどこでするのか、などといった言動を繰り返していた。

女性スタッフから、不快感を表明されても態度に変化はない。一度、施設長から注意されたことがあるが、「誤解される行為はやめるように」といったやんわりとした指摘であったため、態度をあらためるには至らなかった。結局、職場は守ってくれないと判断した複数の女性スタッフは、今、弁護士に相談し、法的な対応に出るべく準備を進めている。

## 〔“頼れる上司・リーダー”になるために学ぶべき教訓〕

◎あらゆる形態のハラスメント行為は人権侵害であり、決して許されない行為であるということを、しっかりと心に刻み込む。

◎ハラスメント行為は言うに及ばず、そう指摘されかねない行為も決して示さないと心に誓う。

◎ハラスメントがあったかどうかを判断する際、ベースとなるのは、その行為を受けた側がどう感じたか、という点だ。「これくらい大丈夫だろう」「信頼関係があるからいいだろう」「発言に悪気がないことは相手もわかっているだろう」という甘い考えはすべて捨てる。

◎ハラスメントの報告を受けたり、実際に目にしたりしたときは、職場内のルールに基づき、速やかかつ適切に対応するようにする。

［引用文献］
＊1　藤沢久美『最高のリーダーは何もしない――内向型人間が最強のチームをつくる！』ダイヤモンド社、七一頁、二〇一六年
＊2　野田稔『組織論再入門――戦略実現に向けた人と組織のデザイン』ダイヤモンド社、三八頁、二〇〇五年
［参照文献］
・久田則夫『デキる福祉のプロになる現状打破の仕事術』医歯薬出版、二〇〇七年
・久田則夫『福祉の仕事でプロになる――さらなる飛躍に向けた24のポイント』中央法規出版、二〇一六年

第7章

# “育てたい職員のイメージ”がわからなければ人を育てるリーダーにはなれない

―これがとっておきの育成のポイントだ―

1

# 要注目！　人が育たない原因は重大要素の欠落にあった

人が育たない社会福祉事業所には注目すべき共通点がある。主なものとして、よく指摘されるのは、次の三点。第一は、育成システムが不十分あるいは未整備であるという点。第二は、育成システムは存在するが、何らかの理由で指導する時間が確保できない環境にあるという点。そして、第三は、指導者側である先輩職員の力量が不十分であるという点。

もし、自分の職場に、これらの問題点が存在する場合は、改善に向けた行動が急務となる。ただし、見落としてはならない重要なポイントがある。人財育成を行ううえで、最も重要な部分が欠落していること。これが、人が育たない大きな原因になっている。

それは、法人・事業所として、〝育てたい職員のイメージ〟が不明確だという点だ。あなたが所属する職場は、法人・事業所が育てたいと思っている職員のイメージが明確に伝えられているだろうか。

もし、十分な形で伝えられているとすれば、安心だ。**職員は無意識のうちに、その期待に応えようとする姿勢を見せる**ようになる。職場が育てたいと願っている職員のイメージに即した人となるために、**今、自分は何をなすべきか、どのようなアクションを起こす必要があるか、容易に把握できる。**そうすればさらなる成長と飛躍に向けた行動を積極的に示せるようになる。

〝育てたい職員のイメージ〟が明確であれば、どのような職員を育てるのかゴールが明確であるので、そのために、どのような手順や方法で育成していくか、明確な道筋が描きやすい。初任者、中堅職員、チームリーダー、管理監督職員など、それぞれのキャリアステージにおける育成システムの整備が可能になる。

また、〝育てたい職員のイメージ〟が明確であれば、教える側の上司・先輩も指導が容易になる。部下・後輩の職員の成長について、イメージ通りに育っている部分と、不十分な状況にある部分の把握ができるようになる。指導のポイントがわかれば、限られた時間のなかで、的確かつ実効性の高い指導やアドバイスが可能になる。

## 2 〝育てたい職員のイメージ〟は求職者にとっても役に立つ情報となる

〝育てたい職員のイメージ〟は求職者にとっても、極めて重要な情報になる。社会福祉事業所が、求人を出し、会社説明の段階で、どういう職員を育てようとしているのか明示してくれれば、就職後の自分のイメージが把握しやすくなる。具体的に、どのような職員になることが求められるのか、容易に理解できる。どんな知識やスキル、姿勢、価値観をもって働くことが求められるのか、自分が進むべき方向が確認できる。職場が明確なイメージを提示してくれれば、自分自身も、独自の〝なりたい職員のイメージ〟を明確な形で考えられるようになる。

求人を出している社会福祉事業所が掲げる〝育てたい職員のイメージ〟と、自分自身が抱く〝なりたい職員のイメージ〟を比較検討したうえで、就職を目指すかどうか、決断ができる。〝育てたい職員のイメージ〟と〝なりたい職員のイメージ〟に重なっている部分が多ければ多いほど、「ここで働こう」「ここでキャリアを積もう」「ここに自分の将来を託そう」という気持ちに傾きやすくなる。高いモチベーションをもって、新たな職場での一歩を踏み出せるようになる。

違いが多ければ、「何かが違う」「しっくりとこない」「私が働くべき場所はここではない」という点が確認しやすくなる。

「私の思いとは違う」という人が応募しなくなったり、採用を辞退したりする事態が生じるのは、一見、事業所にとって不利なことが発生したかのようにみえる。だが、実際はそうではない。**事業所にとって最大のリスクは、思いが明らかに異なる人が来てしまうことだ。**「何を求められているか、わからないけれど、採用されたから、まぁ、いいか」といった安易な気持ちで職場に来てしまうことだ。この状態で入ってきた人をあるべき方向に導くのは、容易ではない。育てる側の負担が極めて重くなり、指導者側であるリーダー職員あるいは先輩職員の疲労の度合いが強くなる。結果的に、人は補充されたのに、職場のパフォーマンスが下がるという現象に見舞われる場合もある。

だからこそ、社会福祉事業所のマネジメントに携わる人は、強く心しなければならない。〝育てたい職員のイメージ〟を明示するのは焦眉の急を要する重要な経営課題の一つである。

## 3 いざ“育てたい職員のイメージ”と育成のポイントの習得にチャレンジしよう

この最重要課題の達成に向けたヒントとして、ここでは、今、社会福祉の職場にはどのような人財を育てることが求められるのか、“育てたい職員のイメージ”と、そのイメージに即した職員を育てるためのポイントを紹介させていただく。

ただし、部下・後輩指導に活用する際には、一点だけ十分に注意してほしい事柄がある。ここに示す“育てたい職員のイメージ”とそのイメージに基づく行動様式や姿勢は、教える側である**リーダー職員のあなたがすでに習得しており、よき手本として示せる状態にあることが大前提になる。**よき手本を見せられるリーダー職員であれば、部下・後輩も心から納得して“育てたい職員のイメージ”に向かって努力邁進《まいしん》できる。万が一、少しでも不十分な点がリーダー職員である自分のなかにある場合は、習得に向けて速やかに行動を起こさねばならない。

### “育てたい職員のイメージ”と育成のポイント

**①法人、事業所が掲げる理念、運営方針を理解し、達成に向けて行動を起こせる人**

法人、事業所が掲げる理念や運営方針の理解は、どのような業界、業種、職種で働こうとも、必ず求められる要素の一つだ。組織（法人・事業者）が掲げる理念や運営方針に関しては、採用後、速やかに教えていかなければならない。厳密にいえば、求人から採用に至るプロセスのなかでも求職者に伝えるよう努めなければならない。会社説明の場はいうまでもなく、採用面接の場面でも、どのような理念のもとに運営されているのかについては何らかの形で言及、説明する必要がある。

新任職員向けに行われる研修のなかで、沿革についても丹念な説明が必要だ。どのような経緯で発足したのか。創設者はどのような理念、ビジョンを掲げていたのか。その後、どのような発展を遂げ、現在、どのような状況になっているのか。今後、どのような方向に進もうとしているのか。説明を行ったうえで、今、働き始めた職員に求める姿勢や行動を伝えていく。

すでに働いている他の職員にも、定期的に、組織の沿革および発展の歴史を確認する機会を提供する。こうした取り組みが、そもそも自分たちは何をするために働いているのか、原点をあらためて確認することにつながる。日々の業務を積み重ねるなかで、目先の業務ばかりに心が奪われるようになった自分をリフレッシュすることにもつながる。法人が掲げる理念を共有するものとして、自分は何をすべきかを再確認できるし、あるべき方向に向けて行動を起こせるようになる。

法人が掲げる理念を職場全体（事業所全体）で共有する試みの一つとして、**皆で理念を唱和すると**いう取り組みを見かけることがある。有効な方法であるが、ただ唱和するだけでは、職員は〝飽き〟てしまい、心ここにあらずの状況になりやすい。この状況を避けるうえで有効なのは、**理念を唱えた後、その実現に向けて何をするのか、職員に語ってもらう**という取り組みだ。ある法人では、何名かの職員が、その実現に向けて、今日、自分は何をするか、自分がオリジナルで考えた行動指針を唱えるという取り組みを行っている。

例えば、「常に利用者の立場にたち、心を込めた介護を行います」という理念を受け、「食事の場面がご利用者一人ひとりにとって、ゆったりとしたくつろぎとコミュニケーションの場になるよう努力をします」と行動指針を唱える。このように宣言をすると、本人はもちろん、他の職員の意識も高まる。この指針に向けた行動が取られるようになる。

**②相手が心地よいと感じるあいさつ、言動、所作が示せる人**

職場に明るさと元気をもたらし、ともに働く人が気持ちよく業務がこなせる職場風土を作り出す重要な第一歩となるのが、あいさつである。あいさつがもたらす効果は、想像以上に大きい。どのようなあいさつをするかによって、明るい一日の幕開けになる場合もあれば、気が重い一日の始まりになる場合もある。

人がどのような所作であいさつをするか。この点に影響を及ぼす要因はたくさんあるが、最も大きな要因となるのは生活習慣だ。人は、人生のなかで、さまざまな集団、組織に所属する。家族に始まり、保育所・幼稚園、小学校、中学校、そして、義務教育後の学校教育機関などへの所属を経験する。現在の仕事に就く前に、他の業界で正社員あるいは非常勤職員として働いた経験、町内会をはじめとした地域組織への参加、職場以外の団体やサークルなどに所属した経験があるかもしれない。

これらの経験が「どんな態度や姿勢であいさつをするか」に影響を及ぼす要素となっている。

注目すべきは、**長い年月をかけて、生活習慣の一つとして身につけたあいさつの際の姿勢や態度が、現在の職場のなかで、望ましいものになっているとは限らない**という点だ。福祉の職場を訪ねると、あいさつという基本動作が十分にできていない職員に出会うケースが少なくない。

もしリーダー職員として働く職場がこの状況にあるとするならば、即座に行動を開始しなければならない。万が一、初任者研修に、あいさつについて明確に盛り込まれていない場合は、可及的速やかにプログラムのなかに組み入れるようにしよう。

新たな職場で働き始めるというのは、新卒者はいうまでもなく、既卒者（あるいは社会人としての経験が長い人）にとっても、重要な転機になる。この大切な機会を見逃してはいけない。採用後には、気持ちよく感じるあいさつとはどのようなものか、どのような動作、所作、作法が必要とされるか、教えるようにする。もちろん、よき手本を、リーダー職員が日々の業務のなかで、見せ続けなければならないのはいうまでもない。

すでに働いている職員が、適切なあいさつができていない場合は、組織全体で、あいさつの大切さを確認する。朝のミーティングなどの時間を利用して、お互いに目を合わせ、周りの職員にとびきりの笑顔であいさつするよう指示を出すのも有効な方法だ。大事なのは、個人にも、組織にも、よき習慣となるよう働きかけ、定着させるように、リーダー職員が率先垂範《そっせんすいはん》に努めることである。

同時に、職員に明示してほしいのは、どのような言動が他の職員を不安にするかという点だ。ともに働く職員を不安にしたり、活気や明るさを奪ったりしないようにするために、決して示してはいけない言動を具体例をあげて示すようにする。「他の職員を傷つけぬよう自分の言動に注意しましょう」と部下・後輩に働きかけるだけでは、効果はほとんどない。「よし、わかった。これからは気をつけよう」といった表面的な理解で終わる。

そうならないようにするために、どのような言動が人を傷つける可能性があるのか、明示することが必要になる。職員間のコミュニケーション・トレーニングの専門家として知られるリリアン・グラスの言葉を借りれば、どのような言動が、他者の心を傷つける〝有毒〟（toxic：トクシック）なものになる可能性があるか、明確な形で示すことが重要なポイントになる。人を傷つけるものとなる言動の例は、次の通りだ。この表に示される言動は、「我が職場では厳禁。絶対に示してはいけない」というメッセージを部下・後輩にことあるごとに示すようにする。

### 他者に不安や不信をもたらす言動例

誰かの発言、態度に対して、眉をひそめる、舌打ちをする、不快な表情を示す、周りにいる職員に目配せしてクスクス笑う。

皆の前で誰かが一生懸命にしゃべっているのに、周りの人と私語に興じる（聞いていないよ、との態度を示す）。

あいさつを返さない。

感情の起伏が激しい。

イライラしているとき、それが表情や態度にあからさまに出る。

他者の目の届くところ、あるいは、聞こえるところで、ため息をつく。

他者に対して、責め立てるような言い方をする。

意見を求められても、発言しようとしない（意見を求められると嫌な顔をする）。

ネガティブな発言を繰り返す。

「今、私は不快である」「気に入らない」といったことがわかるような言動を示す。他の人がいる空間、あるいは見えるところで、「やってらんない」「もう知らない」と言いながら、場を離れる。

### ③どんなに経験を積んでも利用者に学ぶ謙虚な姿勢をもち続ける人

福祉の仕事に携わる人にとって、**最も恐いのは、驕《おご》りの罠に陥ることだ**。「利用者のことは何でもわかっている」「私と利用者との間には完璧な信頼関係ができている」という思い込みや自信過剰の状態に陥ってしまうことだ。驕《おご》りや自信過剰は、重大な結果を職場にもたらしやすい。福祉の職場で働く人を、極めて不適切な接遇姿勢、プロと呼ぶには値しない介護・支援・保育・療育、権利侵害あるいは虐待と指摘されかねない言動に陥らせてしまうことがある。

なぜそうなるのか。**「わかっている」「完璧な信頼関係ができている」といった思いは、危機意識を失わせる**からだ。素人が見ても、「そんな接遇は不適切だろう」「そんな態度で接するのは不謹慎だろう」といった態度を示しているのに問題だと思わなくなる。

例えば、認知症の高齢者に対して、「○○ちゃん、ご飯の時間だよ。こっちにおいで」と子どもに相対《あいたい》するかのような接し方をする。自分の思い通りに動いてくれないと、「そうじゃないよ。ダメでしょ」と子どもを叱るような対応をする。正しくない接し方をしているのに、「人間関係ができているから問題ない」と、自分の行為を正当化する心理状態に陥ってしまう。

福祉の実践現場で働く職員が、こうした罠に陥るケースは決して稀ではない。福祉職員を対象とした研修会の場で、先の例にあげたような言動を自分自身が示したことがある、あるいは、同僚が示している場面を見た経験がある、という話を耳にすることは枚挙に暇《いとま》がない。

もしあなたがリーダーを務める職場がこうした状況にあるとすれば、即座に行動を起こさなければならない。リスペクトに欠けた行為は一切許されないということを共通認識として職場に定着させなければならない。

同時に、**職員間で徹底しなければいけないのは、どんなに経験を積み重ねても、常に「利用者に学ぶ」という姿勢の共有だ。**介護や支援の場面で、本当はどうしてほしいと思っているのか、常に学ばせていただくという姿勢をもって接するようにする。利用者とより強固な信頼関係を築くためには、どうすればよいか、日々の関わりから学ばせていただくという姿勢を堅持《けんじ》する。

そのための取り組みとしては、日々、職員が残す記録のなかに、利用者に関して、「今日の気づき」や「今日の学び」を書くように伝えるのも有効だ。具体的には「今日の利用者への支援を通して、どのようなことに気づき、何を学んだか、書くようにしてください」と指示を出す。

利用者に学ぶという意識と姿勢は、ちょっと油断すると、薄れてしまう。利用者理解に終わりはない。だから、常に学び続けるという姿勢をもち続けることが、プロとして必要なのだということをリーダー職員は伝え続けなければならない。

### ④ホウレンソウができる人

ホウレンソウの基本は、報告されたこと、連絡されたこと、相談されたことを正しく理解し、業務に活かしていくことである。自分自身が情報を伝える側である場合は、自らが報告したこと、連絡したこと、相談したことが、必要な人や部署のもとに届いているかを確認する。

ホウレンソウができる人を育てるには、この基本的部分を的確に教えていく必要がある。あわせて、ホウレンソウに関するルールの確認、徹底も組織全体で図っていかなければならない。ホウレンソウがうまくいかない職場には、平気でルールを守らない人がいるのに、放置されているという共通点がある。ルールを明示、再確認すると同時に、ルールはきちんと行動を起こして守るためにあるという点を、リーダー職員が繰り返し強調していくことが必要である。

さらにもう一点、リーダー職員が部下・後輩に伝えるべき重要なポイントを紹介する。ホウレンソウを機能させる職員になってもらうためには、受け身の姿勢との訣別が必要になる。職業人として働いていれば、どのような情報を共有する必要が

あるかはわかるようになる。その情報が手元にないときは**自分で動いて取りに行く**のが、本来、身につけるべき基本姿勢だ。

この姿勢が身についていなければ、どんなにホウレンソウのシステムを整備しても、情報共有はできない。情報は「来るのを待つ」のではなく、「取りに行く」。「聞いてなかった」「知らなかった」ではなく、自ら動いて、必要な情報（共有すべき事柄）を「聞いた」「知った」状況にしていく。こうした姿勢を身につけるよう、部下・後輩を指導することが今、リーダーに強く求められている。

## ⑤問題意識をもって業務に取り組み改善やレベルアップに貢献できる人

問題意識をもって働くのは、すべての業界・業種で働く人に共通に求められる基本姿勢の一つだが、福祉の世界ではこの意識が浸透しているとはいえない。原因は、リーダーの立場にある人が、部下・後輩に対して、問題意識の意味を明確、明快に伝える取り組みを行っていないことに尽きる。

問題意識という表現は、職業人として働き始めれば誰もが耳にするお馴染みの言葉だ。「問題」そして「意識」という簡単な熟語から成り立っているので、多くの人が「意味がわかっている」と思い込んでしまう。

だが、問題意識という表現を、現実には理解していない人が圧倒的に多い。問題意識は何らかの意識をもつことだけを要求する表現ではなく、行動を起こして、何かをやり遂げることを意図する表現である。**日頃当たり前に行っている業務を、本当にこれでよいのか、徹底的に利用者の立場に**

**たち、クエスチョンを投げかける**という意味が込められているのだ。この意味を理解すれば、自分が何をしなければならないか、把握できる。

まず取り組まなければならないのは業務の点検だ。そうすれば、当然のごとく、よいところも確認できるし、不十分・不適切なところも確認できる。よいところは今後もその状態の維持を図る。あるいは、さらなるレベルアップを図るための行動を起こす。不十分・不適切なところは、改善に向けて行動を起こす。

リーダーは、問題意識の意味を正しく伝え、職員が職場の問題解決やレベルアップに貢献できる人に育っていくようサポートしていくことが求められている。

## ⑥健全なる危機意識をもつ人

福祉の職場で働くかぎり、リスクとは無縁ではない。好むか好まざるかにかかわらず、必ず、リスクに向き合うことになる。

利用者が今、保持している力をこれからも失わないようにサポートするには、リスクと向き合わなければならない。大切なのは、リスクに対する目配りを十分にしながら、保持する力を存分に発揮できるようサポートしていくことである。万が一、うまくいかないことがあったとしても、リスクへの対応が十分になされていれば、本人がケガをしたり、命の危険にさらされる事態は回避できる。リスクを踏まえた対応がなされていれば、再チャレンジに向けた取り組みにスムーズに移行できる。

しかし、リスクに適切に向かう姿勢を身につけるのは容易ではない。**油断をすると、危ういと思**

**われることはすべて避ける「事なかれ主義」の罠に陥ってしまう**。危ないから、何もさせない。危ないからチャレンジなんてとんでもない。そんな罠に陥ってしまうケースだ。

だからこそ、リーダー職員は強く意識しなければならない。健全なる危機意識をもち、事故防止に力を注ぐと同時に、利用者の成長や能力発揮に貢献できる職員の育成に努めていかねばならない。

危機意識を共有する職員集団を作りあげる際に、有効なのが、「**職場内ハザードマップ**」作成の取り組みだ。各部署の職員に、部署ごとに、マップ作成を行うよう指示を出す。自分たちが働く職場のなかに、ハザード（著しい危険）をもたらすリスクはないか、個人ではなくチームで洗い出す作業に取り組んでもらうのだ。

「職場内ハザードマップ」を作る際には、次の三つの視点から、部署内（ユニット内）のリスクを洗い出す。

第一は、「場所」である。これまで、部署内で発生した事故や「ヒヤリ・ハット経験」をベースとして、危うい場所のリストアップ作業に取りかかる。例えば、特定の居室の前の廊下が滑りやすい、つま先が上がりにくい利用者はスリッパのつま先部分が引っかかって転倒しやすい、などといったリスクをリストアップしていく。

第二は、「時間」である。特定の危うい出来事が発生する時間をリストアップしていく。朝食の時間帯には何らかの事態が発生しやすい。昼食後の時間に何らかの問題が発生しやすい、といった時間軸からみたリスクの洗い出しだ。

第三は、「状況」である。どのような状況になると、危うい出来事が発生するか。何らかのトラブルが発生するか、についてピックアップしていく。

それを、見える形で書き出していく。「場所」「時間」「状況」の三つの要素を考慮したリスクを一目でわかるように書き入れていく。例えば、「昼食後の時間、Bユニット内のリビングで、A氏とB氏が顔を合わせると口論になりやすい」といったイメージである。

こうしたリスクを書き出せば、防止に向けた取り組みも、的を射たものが作成できる。リスクのイメージが明確なので、すぐに実践に移せる実効性の高い防止策が立案しやすくなる。

### ⑦利用者の権利を守る人

利用者の権利を守るのはすべての職員が果たすべき重要な使命である。この使命を果たすためには、まず何が保障すべき権利であるのか、を明確に把握することが必要である。具体的には第3章で示した「利用者の権利」をすべての職員で確認することが必要となる（66頁参照）。

続いて、権利侵害行為や虐待はそう誤解されかねない行為も含めて決して許されない、という点を職員全員で共有する。リーダー職員は、すべての職員に繰り返し、どのような権利を守るために働いているのか、そのためにはどのような態度、姿勢が求められるのか、伝え続けていかなければならない。虐待防止についても、内部研修を毎年欠かさず開催し、決して許されないという意識を根づかせていくことが必要である［注］。

## ⑧自分のキャリアに責任をもつ人

業務を行ううえで、不足しているスキルがある場合は、習得に向けて行動を起こす。こうした姿勢あるいは行動様式は、どの業界・業種で働いていようとも、身につけておくべき基本項目といえる。

ところが、福祉領域においては、この姿勢が十分に共有されているとはいえない。「わからないことをそのままにしている」「より専門性を磨くための努力をしない」などといったことがまかり通る傾向にある。

福祉専門職という表現が使われるようになって久しいが、実際には、専門職と呼ぶレベルに達していない職員を目にするケースは決して少なくない。本当はわからないことがたくさんあるのに、「私は現場で学んできたから大丈夫」「勉強しても、そんなの現場では通用しない。今更学ぶ必要はない」などと学びを軽視する声を耳にすることもよくある。

こうした状況から組織やチームを救うには、学ぶことの大切さをリーダー職員が伝え続けることが必要である。最も有効な方法は学んだことを実践に活かすという手本を示していくことである。

［注］……権利侵害の防止に向けて、リーダーが何をしていくか、どのような形で職員に向き合っていくか、より具体的な取り組みについては第4章で詳述したので、参照してほしい。

例えば、新しい援助技術や支援方法について勉強した場合は、まずは、自分が担当する業務のなかで実践に移していく。有効性が確認できたら、他の職員に伝達する機会をもつ。こうした取り組みを通して、学んだことが実践に活かせると実感できるようにする。そんな手本が見せられるよう常に努力していく。

### ⑨誰に対してもプラスの視点でみられる人

利用者に対してプラスの眼差しを向ける。これは福祉の職場で働くすべての人に求められる基本原則である。マイナスの視点でみるという誤った習慣がつけば、相手を軽んじるような言動に陥るケースがあるためだ。

例えば、認知症の利用者が何度も同じことを介護職員に繰り返し聞いてくるとする。もし介護職員が「どうして同じことを何度も聞くの！」と語気を荒げる対応を示すとすれば、間違いなくその職員はマイナスの視点でみるという罠に陥っている。利用者は職員を困らせようと思って、何度も同じことを聞いてくるのではない。わからないことがあって、困っているためだ。認知症の利用者の立場からいえば、さっき聞いたということを忘れている。一回一回が本人にとっては〝初めて〟の行動なのだ。高齢者福祉の世界で専門職として働いているのであれば、この点を踏まえたうえでの対応を本来すべきである。それができなくなっているのは、無意識のうちに、「何度も同じことを聞いてきて、困る！」という思いを抱いているからだ。いつの間にかマイナスの視点でみるという罠に陥っているためである。

プラスの眼差しは、ともに働く同僚、後輩、部下、先輩、上司に対しても必要だ。マイナスの視点でみると、相手の言動を、「相手が間違っている」「相手が悪い」と決めつける姿勢に陥りやすくなる。相手に対するマイナスの思いは、伝導性が高く、すぐに相手に伝わってしまう。相手も心穏やかではなくなる。信頼関係の低下、人間関係の悪化につながる。チームワークが機能しなくなる。

これらの問題の解決を図るには人と人との信頼関係構築に向けた大原則に立ち返るしかない。他者をプラスかつポジティブな視点でみるという原則である。実際にこの見方を習得してもらうための取り組みとしては、**マイナスにみえる行動をプラスに翻訳して理解する**という方法がある。「不快だな」「何となく嫌だ」とマイナスの視点でとらえた相手の行為を、プラスの眼差しで翻訳する。そのうえで、アプローチの仕方を見直していく方法である。

例えば、A職員の仕事ぶりを、常々「遅くて困る」というマイナスの視点でみていたとしよう。この見方の翻訳に取りかかる。「仕事にゆっくりじっくり丹念に取り組む」とプラスの視点を十分に盛り込んだ形で翻訳する。そのうえで、「なぜそんなに遅いのか」というマイナスの視点に基づく働きかけではなく、「着実に取り組む姿勢で、利用者に喜ばれている。その姿勢を維持できるように、焦らせるような態度は示さない」といったポジティブなアプローチが示せるようになる。

続いて、B職員のケース。A職員とは正反対で「いつも忙し

そうに動き回り、落ち着きがない」という見方がされていた。この場合は、プラスの視点でこう翻訳する。「非常に責任感が強く、少しでも多くの業務を行おうと頑張るタイプ」。そのうえでアプローチをこう変更する。「業務量を他の職員と同じ量まで減らす」「業務の打ち合わせのとき、どの業務をどれくらいの時間でやるか、おおよその目安を示し、業務をこなせるようにする」。こうしたアプローチでB職員に対応すれば、抵抗感なくアドバイスを受け止めてくれるであろう。

**⑩うまくできないこと、うまくいかなかったことに向き合い、教訓を学べる人**

職業人として働いている人に、完璧な人はいない。どんなにキャリアを積んでいる人であっても、うまくできないことはある。

一生懸命働くなかで、うまくいかないことがあったとしても、恥ずかしいことではない。もし、恥ずかしいことがあるとすれば、うまくできないことをできているかのように装ってしまうことだ。同様に、うまくいかないことから目を背け、それを認めないという姿勢を見せてしまうことである。

**リーダー職員が常々心がけなければならないのは、失敗に向き合う人の育成**だ。取り組みとして有効なのは、一対一の面談の場で、部下・後輩に、次の二点について語ってもらうことだ。

一つは自分のキャリアを振り返り、「これはできている」「これは高いレベルでできている」という事柄を語ってもらう。

もう一つは、「残念ながらうまくできているとは思えないこと」「不十分だと思うこと」について、自分の言葉で語ってもらう。

うまくできていることに関して、さらに高いレベルでやり遂げるためにはどうしていくか、考えてもらう。できていないことについては、原因を考えてもらったうえで、解決に向けて何をするかを考えてもらう。こうした取り組みを通して、失敗から教訓を学び、それを成長の糧《かて》とする職員の育成に努める。

### ⑪チームワークに貢献できる人

チームワークとは、二人以上の小集団が、強い帰属意識を共有しながら力を合わせ、共通の目標達成に向けて行動を起こし成果を生み出す、という意味である。

**チームワークに貢献する人になるためには、まずは全メンバーがチームに対する強固な帰属意識をもつことが必要になる。**続いて、チームが掲げる目標の確認が求められる。そのうえで、達成に向けた具体的な行動計画（アクションプラン）を立案する作業に取りかかる。計画には、達成に向けて一人ひとりのチームメンバーが何をするのか、役割分担も明確にする。達成に向けた行動を起こした後には、進捗状況を確認する。このような一連の取り組みを通して、皆で協力して目標の達成を成し遂げたという果実が共有できるようにする。

## ⑫自分の意見を会議の場で表明できる人

自分の考えを整理して、チームの仲間が理解できるように伝える。会議の場で、自分の考えを明確に示す。これはすべての職員が果たすべき重要な使命の一つである。

残念ながら、福祉職場のなかには、この重要な役割を十分に果たしていない人が少なくない。利用者の生活の質を左右する重要なキーパーソンであるはずなのに、会議中、自分の意見を表明しない。そういう状況にある人を数多く見かける。この点について、福祉職員と話をすると、「意見を言うのは苦手」「反論や否定が恐くて発言できない」といった見解を耳にするケースが多い。

もしあなたの職場に、「苦手だから意見が言えない」という部下・後輩がいるとすれば、リーダーとして、彼らに明言しなければならない。苦手意識は、行動を起こして、自分のなかから振り払っていく。そんな積極《せっきょく》果敢《かかん》な姿勢が必要である。

反論されたり否定されたりするのが恐くて発言できない状況に陥っている人には、どうアドバイスするか。この場合、まず、リーダー職員が伝えなければならないのは、会議の意味である。そもそも会議とは、さまざまな意見を出し合う場である。異なる意見が出ることに意義があるのだから、提案や意見に対して、反論や否定するような意見が出るのは、ごく自然のことである。会議がしっかりと機能している事実を物語っている。この点をリーダー職員は部下・後輩にしっかりと伝えなければならない。

とはいえ、職業人としての経験が浅い段階で、自分の意見が真っ向から反対されるという経験をすると、立ち直れなくなるのも事実だ。このケースの場合、リーダー職員にぜひ試みてほしいのが次の二点だ。

一つは、何らかの会議の場で、尻込みしている職員に発言する機会を提供する。しかし、その場で突然指名されると、戸惑ってしまうので、事前に、「次回の会議の場で、○○さんへの支援の方法についてあなたの意見を聞かせてください」とお願いする。その際、「事前に、メモでもいいから、あなたの考えを見せてもらえますか」と付け加えておく。後日、発言の下書きメモを見せてもらう際には、どうすれば、わかりやすい発言になるか、アドバイスする。こうすれば、本人にとっては、落ち着いて意見が言いやすくなる。

会議の場を迎え、当該職員が無事発言をした場合には、リーダーはサポート役に回り、ポジティブな発言でフォローする。こうすれば、「発言してよかった」という印象をもってもらえる。こうしたサポートを積み重ねることで、自分の意見が示せる人になれるよう導いていく。

リーダー職員にぜひ取り組んでほしいもう一つのチャレンジは、意見が言いやすい会議の場の設定だ。例えば、利用者への支援方法を検討するケース会議の場では、「何か意見はありますか」と参加者に問いかけるだけでは意見が出にくいため、その場合は、意見の引き出し方を一工夫する。おすすめなのは、七センチ×七センチサイズの付箋紙を活用した方法だ。参加者に付箋紙を各々五枚ずつ配布して、こう伝える。「それでは、

五分で、○○さんに今後どういう支援をしていけばいいと思うか、付箋紙に書き出してください」。五分後には、参加者が書き出した付箋紙を、会議テーブルの上や壁に貼り出しながら発表してもらう。一枚一枚順番に付箋紙を読みあげるという形で発表してもらうので、意見表明が楽にできるようになる。皆が付箋紙を通して意見を出しているので、会議に主体的に参加しているという意識も高まる。

## ⑬ストレスとうまく付き合い、感情コントロールができる人

ストレスやプレッシャーとうまく付き合い、常によい心の状態で働く力、いわゆる、ストレス・マネジメント・スキルは、福祉の職場で働くすべての人が習得すべき重要なスキルの一つである。

このスキルが不十分であると、冷静な判断ができなくなり、精神的に追い込まれやすくなる。感情コントロールがうまくできなくなり、自身の持ち味を十分に発揮できなくなる。結果的に極めて低いパフォーマンスに終わるという状況に追い込まれる。

こうした状況の防止に向けて、管理監督者レベルのリーダー職員がイニシアチブをとり、職員が働きやすい組織環境の醸成に全力を尽くす。悩みや困り事について気軽に相談できる体制を整備する。ワーク・ライフ・バランスの充実に向けた勤務体制を整備する。職員が相互に協力し合える組織環境づくりに努めていく。

同時に、職場全体でストレス・マネジメントの基本的考え方とスキルの習得に向けた研修会、あるいは勉強会を開催する。新任職員の研修プログラムに、ストレス・マネジメント・スキルの基本が学べる機会を提供する。常に最善のパフォーマンスが披露できる職業人となるためのポイントを

学べるようにする。

## ⑭他者からの耳が痛い指摘、批判の声、注意に対して、冷静かつ謙虚に向き合える人

ともに働く仲間からの意見や指摘は、よき職業人を目指す人にとっては、大きな宝物となる。自分が見落としていた部分を気づかせてくれる機会を提供してくれるからだ。

もちろん、他者からの指摘には〝耳が痛い〟ものも含まれる。例えば、利用者への直接介護に携わる自分自身の言動が、「利用者の尊厳を大切にしていない」「利用者のプライドを傷つける接し方となっている」といった指摘がなされることがある。

または、意図的ではないのだが、無意識のうちに苦手意識を感じる業務・利用者から逃げていたという点を、他者からストレートに指摘されるケースもある。

たとえつらくとも、福祉の職場でプロとして働く人は、他者からの〝耳が痛い〟指摘から逃げてはならない。その指摘に対して冷静かつ謙虚に向き合う姿勢を身につけなければならない。他者からの指摘は的を射ているケースが多い。権利侵害へと発展しかねない行為を、未然に指摘してくれる貴重なアドバイスとなるからだ。

では、どうすれば、〝耳が痛い〟指摘に冷静かつ謙虚に向き合える職員が育成できるのだろうか。最も有効な方法は、リーダーがよき手本を見せることだ。日常の業務場面で、人の意見に真摯《しんし》かつ誠意ある態度で耳を傾ける姿勢を示す。的を射ている指摘の場合は、すぐさま改善を図る。そんな姿勢を率先垂範《そっせんすいはん》して示すことが、部下・後輩にとっては一番のよきモデルになる。〝耳が痛い〟指摘に冷静に向き合う職員を育てる基盤になる。

## ⑮実践研究に取り組む人（実践に学び新しい知を生み出す人）

職業人として誇りをもって仕事を行っていくためには、明確な実績を示すことが必要となる。実績には日々の定型業務を着実にやり遂げていくことも含むが、プロとして、さらなる成長を図るのであれば、新しい何かを生み出すためのチャレンジも必要だ。

その重要な取り組みとなるのが、業務遂行の一連のプロセスのなかで実施する実践研究である。職員として取り組む業務を、より優れたものとするためのチャレンジだ。一言でいえば、**実践を研ぎ澄まし、究める。**日々行っている業務を点検、精査し、何がよき結果を生み出す要因となっているか、を検証する。同時に何がよきパフォーマンスを妨げる要因となっているか、を点検し、レベルアップに向けた教訓を明らかにしていく。教訓はレポートにまとめて、他の職員の前で口頭発表する。職場全体で共有できるものにして、一人だけのノウハウや知識にとどまらせずに、みんなでシェアする〝共有知〟にしていく。

今、福祉の職場で求められるのは、自己のレベルアップと、福祉職員としてのアイデンティティの強化だ。社会から真の意味で一目置かれる職業領域としていくためには、今挙げたようなパフォーマンスの向上が欠かせない。そして同時に、実績や専門性を〝見える化〟していく取り組みが必要とされているのである。

〔参照文献〕

・Glass, L., Toxic People:10 Ways of Dealing with People who Make your Life Miserable, St. Martin's Griffin, 1997.
・久田則夫『人が育つ・職場が変わる気づき力』日総研出版、二〇一三年

第 8 章

# 久田直伝！
# 苦手な部下との付き合い方

―苦手意識はこうして乗り越える―

**1**

# リーダーになれば必ず経験すること

## ――どう対応すればよいかわからない部下の存在――

リーダーになれば、誰もが必ず経験することがある。ある特定の部下に対して、苦手意識を感じるようになり、どう向き合っていけばよいか、思い悩む経験だ。

私のもとには、そんな経験をしている福祉現場のリーダー職員からさまざまな相談が寄せられる。メールで相談が寄せられるケースもあれば、研修会の後に「実は、ご相談があるんですが」と言って、部下に対する困り事について相談が寄せられるケースもある。

ここでは、これまで寄せられた「こんな部下への対応に苦慮している」という相談のなかで、とりわけ重要なものを厳選し、リーダーとして彼らとどう向き合い、どうサポートしていくか、よりよき対応に向けたヒントを紹介する。

## 2 対応に苦慮する部下との向き合い方

### 何となく取っつきにくさを感じてしまう就職したての年上の部下

リーダーの立場にある職員が、年上の部下に苦手意識を感じてしまう原因は多種多様。が、もし苦手意識を感じるのが、入社したばかりの年上職員、あるいは経験年数が二、三年程度の年上職員である場合、リーダー職員の準備不足が最も大きな原因の一つであると指摘しなければならない。

福祉の職場で働き始める人の年齢層は幅広い。新卒で就職してくる若者たちもいれば、他の業界で社会人経験を経て、三〇代あるいは四〇代で福祉の業界に飛び込んでくる人もいる。さらに上の五〇代あるいはそれ以上の年代の人が新任職員として働き始めるケースもある。もはや、どんな年代の人が福祉の職場で働き始めても驚かない。そんな時代になった。

こうした時代になっているからこそ、リーダー職員は新任職員育成に関して準備万端でなければならない。準備が不十分で、接し方を間違えると、〝困った事態〟が発生する。信頼関

係が築けない。「なぜ、こんな若造の言うこと聞かなきゃいけないんだ」と反発姿勢を示されることもある。新任職員を指導できない状態が続くと、他の職員からもリスペクトされなくなる。リーダーとしての自信は急低下。年上の部下をうまく育てられなかったという経験がトラウマとなり、それ以降、年上の職員が入社してくる度に、心穏やかでなくなる。新任職員から信頼が得られないという事態が繰り返され、気がつくと、誰からもリスペクトされない最悪の状態に陥る場合もある。

こうした事態を避けるためには、年上の部下との接し方に関して、基本原則を学ぶしかない。次に示すポイントにしっかりと目を通し、年上の部下とよい関係を作るリーダーとなるための準備に取りかかろう。

・相手の年齢と人生経験をプラスの眼差しでみる。
・相手の年齢をリスペクトしている、人生経験をプラスの眼差しでみているということが、相手に伝わるような態度、姿勢、言葉遣いで接する。
・業務レベルの高さをさりげなく示し、なぜ年下の自分がリーダーであるか、その理由がわかるようにする。

これらの基本原則のなかで、最も重要なのは、**年上の部下に対するリスペクトの気持ち**だ。少しでもマイナスの視点で相手をみると、それは高い確率で相手に伝わる。**マイナスの視点は〝伝導**

**性〟が高い**という特性があるからだ。もしマイナスの視点が伝わったらどうなるか、信頼関係は未《み》来永劫《らいえいごう》築けない状況になってしまう。

なぜ、私がこの点を声高に強調するのか。理由は、年齢を積み重ねた職員を軽んじる発言を福祉の職場で漏れ聞くケースがあるからだ。例えば、ある福祉事業所を訪ねたとき、若手職員が次のような話をしているのを漏れ聞くことがあった。

「あのおっさん、いい年して、こんなこともできなくて困るよね。何であんな人雇ったんだろ」。

こうした声をあげる職員はその職場のなかで特異な存在ではなかった。しかも、リーダーの立場にある職員も、日頃から、年輩の新任職員に対して敬意に欠ける発言を繰り返していた。実は、若手職員や他の職員が平気で年輩職員を「おっさん」呼ばわりし、軽視する発言を繰り返していたのは、リーダーが悪い手本を示していたからである。

リーダーがこうした状況を生み出すことは決して許されない。リーダーに求められるのは誰に対してもリスペクトを示す姿勢だ。常に、この姿勢を貫き通さなければならない。

## 何を考えているかわからない、「最近の若い人」部下

ある一定以上の年齢層の人にとって、「最近の若い人」の考えが理解しづらくなったのは、今に始まったことではない。

いつの世も、「最近の若い人」は、常に新しい何かを生み出す重要な存在であった。彼らが生み出す斬新なアイディアで、世の中は発展してきた。「最近の若い人」が新しい何かを提案することをやめてしまったら、社会の発展は間違いなく止まり、進歩しなくなる。それにもかかわらず、前の世代が新しい世代の提案に戸惑ってしまうのは、前例がない新しい提案をしてくるからだ。

シンクタンク・ソフィアバンク代表を務める藤沢久美氏のことばを借りれば、**「最近の若い人」は「その時代にないものに対してハングリー」な存在**と表現できる。異なる世代の人が若い世代をみて、「物足りない」と感じることがあるのは、若い世代が何も求めるものがないからではない。若い世代が自分たちの世代とは異なる新しい何かを渇望しているからである。若い世代は「何か新しいものを生み出したい」「何かやり遂げてみたい」という思いを、心の奥底に秘めている。かつて、上の世代の人が若い世代であったときと同じように、だ。

リーダー職員に求められるのは、その思いを引き出し、理解するための努力だ。「何を考えているかわからない」で終わるのではなく、わかるようになるための工夫をする。本人自身も気づいていない思い、整理されていない思い、を探り出していく。「実はあなたはステキなアイディアをもっている」という点に気づけるような働きかけを行う。こうした取り組みを通して、彼ら一人ひとりがもつ素晴らしい力を引き出していく。

ではどうすれば、力を引き出せるリーダーになれるか。ここ

では、すぐに使えるテクニックを紹介する。自分の思いを簡易レポートに書いてきてもらう方法だ。「この職場で何をしたいのか」「何を実現したいのか」、簡潔にまとめてもらう。たくさん書いてもらう必要はない。Ａ４用紙一枚の分量で十分だ。

この取り組みが目指すところは、**思いの〝見える化〟**である。この課題にチャレンジしてもらうことによって、もともともっていた思いあるいは整理していなかった思いを〝見える化〟させていくのだ。

大事なのは、この課題に取り組んだ後のフィードバックである。その思いを実現するために何をしていくか、具体的な行動計画（アクションプラン）についてアドバイスする。

こうしたアプローチをしていけば、最近の若い人の考えを引き出し、サポートできる。頼りがいのあるリーダー職員に変貌を遂げることができる。ぜひチャレンジしてほしい。

## 現場を牛耳《ぎゅうじ》るベテラン部下

この手の職員は、現場を思い通りに動かし、部署外（チーム外）の誰も口を挟めない状況を作りあげてしまうという特徴がある。現場を牛耳《ぎゅうじ》るベテラン職員の力は極めて強大で、ともに働く職員はベテラン職員の支配下に入るか、職場を去るかの二者択一の状態に追い込まれる。職場に残る選択をした者はすべて支配下に置かれるようになる。

一度、現場を牛耳《ぎゅうじ》られ、〝鉄の軍団〟ができてしまうと、実権を奪い返すのは容易でない。奪い返そうという姿勢をみせるだけで、猛反撃をしかけてくるからだ。もし、あなたが実権を奪い返そうとするのであれば、奪還するまで、チャレンジし続けるという強い覚悟が必要だ。あきらめて退却してしまうと、次回のチャレンジは極めて困難になる。首謀者は自信を深めるし、「軍団」のメンバーとなり手下となった職員集団の結束がより一層強くなる。その部署は彼らのやりたい放題となる。いつ、クレームが出てもおかしくないほど、低レベルの業務状況となる。

では、どうやって、事態の改善を目指すのか。方法はただ一つ。**勝手なことができない環境を作りあげていく**ことだ。そのためには、施設長、中間管理職、主任などのリーダー職員間の結束が必要となる。〝鉄の軍団〟に対抗した、〝リーダー職員チーム〟を作りあげる。

続いて、組織が進むべき方向、守るべきルールを再確認する。**特に大切なのは、基本的な接遇に関するルールの点検とバージョンアップ**。やりたい放題の〝鉄の軍団〟は、接遇レベルが地に落ちているケースが極めて多い。自分たちのなかで作りあげた、勝手なルールや誤った価値観で業務をこなしている。

その部分を突き、**改善を余儀なくさせるために、明確な遵守すべきルールを作りあげる。**できあ

がり次第、全部署に業務命令という形で伝える。通達後、一か月経ったところで、全職員に自己評価をしてもらい、報告書を提出するよう指示を出す。

そのうえで、職員と面談。自己評価では「できている」としているのに、できていないところがある場合は、リーダー職員である自分の見解は違うことを伝える。基準を明確にすると、納得してもらいやすくなる。軍団の首謀者であるベテラン職員は、徹底抗戦の姿勢をみせるかもしれない。その場合は、軍団の分断に集中する。軍門に降《くだ》っている職員であっても、管理監督職員が一対一で話し合っていけば、「このままではいけない」という方向に導きやすくなる。一人ずつ順番に考えをあらため、軍団を去るよう促していけば、首謀者の求心力は低下する。

最も重要なのは、現場を牛耳《ぎゅうじ》るベテラン職員を支える軍団メンバーを減らしていくこと。仲間がいなくなれば、傍若無人な行動は示せなくなる。時間はかかるかもしれないが、「あきらめない」「挫けない」を合言葉に、チャレンジしていくことが期待されているのである。

## 口だけ立派な部下

口だけ立派で、行動が伴っていない人は他者から信頼されない。常識レベルのごく当たり前の話だ。だが、口だけ立派な状態の人は、この当たり前のことが理解できない。なぜか。何か発言することだけが自分に任されたことであり、行動を起こす責任があるという点を、学んでいないからだ。

口だけが立派な人を、この状態から解放するには、次のような手順と方法で、行動を起こすよう促していくことが必要となる。

第一プロセスは、**口だけ立派な発言があったあとに、具体化に向けた計画を立案するよう要求する**というもの。例えば、「入浴介護について見直すべきだとずっと言い続けているんですけど、全然変わっていない。絶対変えるべきです」と、発言をした職員には、こう声をかける。

「私も、入浴介護の手順と方法は見直さないといけないと思っていたところです。ぜひ実行に移したいと思うので、具体的な計画を作成してもらえませんか。今日はいい考えを示してもらって本当によかった。具体的な計画は、来週の火曜日までということでお願いしますね」。

職員はいつものように、具体的な行動を示すつもりなく発言したのだが、そのままで終わらぬよう、具体案の作成をお願いする。ポイントは、まずは本人の意見を認めて評価する。そのうえで、依頼をするという手順。

具体的計画を提出してくれたら、第二プロセスに取りかかる。計画内容について話し合い、修正が必要な場合は、アドバイスをしたうえで**本人に計画実行の責任者となってもらい、実施するよう依頼する**。例えば、こんな具合に。

「いい案を作ってくれてありがとうございます。善は急げというので、この案で来月から始めましょう。実施に当たっては、ぜひあなたが中心メンバーとなってください。新しいやり方なので、全体の流れがわかっている人が責任者になるほうがわかりやすいですからね。新しい入浴介護の方法に関する打ち合わせは、来週の水曜日にしましょう。そのときに説明をお願いしますね」。

その後は、第三プロセスの計画の実施に進む。第四プロセスは進捗状況の確認。問題が生じた場合は修正案の立案、実施となる。こうした手順で、言ったことを行動に移す行動習慣をマスターしてもらうようにする。

## 指示を出しても、わかっていない部下

リーダー職員の指示に「わかりました」と言っているが、その通りに動かない。なぜこうした事態が発生するのか。原因として考えられるのは次の二つだ。

一つは、リーダーとの関係性に何らかの問題が潜んでいるケース。もう一つは、本人の理解が不十分でわかっていないケース。

前者のケースの場合、リーダーは積極的に関係性の改善に努めなければならない。具体的には次のような取り組みに着手していく。

・指示がわからないとき、気軽に「実は、よくわからないんですけど」と言えるような関係づくりに努める。

・部下と相対《あいたい》するとき、どのような表情を見せているか、またどのような言葉遣い、態度、姿勢を示しているか、点検する。問題がある場合はただちに修正する。

・自分のちょっとした物腰のなかに、相手を不安にしたり、萎縮させたりするような言動がある場合は、速やかに修正する。

・関係性の改善に取り組んだうえで、プロフェッショナルな職業人としての自覚を促すようなアプローチもあわせて行う。部下は指示を理解しないままでいると、指示に従った行動をとることができない。利用者に迷惑をかけるという事態が発生することがあるから、「わからない」状態をそのままにしないのはプロとしての鉄則だということを明確に伝える。

後者の、本人は「わかった」と思い込んでいたが、実は「わかっていなかった」ケースは、次のような取り組みが必要になる。

・部下に対して出した指示が理解しやすいものとなっているか、確認する。わかりにくいものである場合は、伝え方を工夫する。「何を」「いつ」「どのような手順や方法で」「どのレベルまで行うのか」、相手が具体的にわかるような形で指示を出すようにする。

・リーダーである自分が出した指示を、復唱してもらい、正しい理解であるか、確認する。

・指示の聞き違いが多いにもかかわらず、指示内容をメモする習慣がない部下に対しては、メモを取るように伝える。例えば、「この点は大事なところなので繰り返します。メモを取っておいてください。そのほうが後で確認できますから」と伝え、確実にメモを取るよう指示する。

## 面従《めんじゅう》腹背《ふくはい》部下

面従《めんじゅう》腹背《ふくはい》とは、表向きは相手の言うことに従う姿勢を示しているが、心の中では「従わない」という思いを強く抱いている状態を指す。表面上は「信頼しています」との姿を示しているが、裏の顔は全くの別人。「あなたなんか嫌い。少しも信用していない」という思いを抱いている。意見、提案、指示については、「従う」態度を示すが、それは表向きだけ。心の中では、「ろくでもない意見」「そんな提案断固反対」「誰がそんな指示従うか」という思いを抱いている。

表舞台ではサポーターであり、従順なフォロワーだが、裏舞台では、トレーター（裏切り者）といえるような態度を示す。表舞台ではあまりにもよい表情を見せるので、裏切りといえるような言動に気づくまでは時間がかかる。気づいたとしても、確証を得るのは至難の業。あくまでも裏舞台での言動なので、現場を押さえることは極めて難しい。

しかし、解決の糸口はある。明確な指示や提案に対して、「はい」と言ったのに、行動を起こさずに終わった点は明らかにできる。この部分を突破口にして、行動をあらためるよう働きかける。「はい」と言ったことは必ずやってもらう。表舞台で面と向かって従うといったことは、必ずその通りにしてもらう。そんなプレッシャーを相手にかけることができる。

続いて、取り組んでほしいのは、**自分の行動が、相手を面《めん》従《じゅう》腹背《ふくはい》の境地に追い込んでしまっていないか、点検し振り返る作業**だ。原因が、リーダーである自分にある可能性があるからだ。意図的でないとしても、相手を力で従わせるような言動を示していた。従わないとまずい、と相手に強く思わせるような何かを示していた。リーダーに疑義を唱えると、裏切り者扱いするような態度を示していた。こうした態度が部下を面従腹背《めんじゅうふくはい》の状況に追い込んだ可能性がある。

だからこそ、果たして自分が示した言動や態度のなかに問題がなかったか、自己チェックする取り組みが絶対に必要になる。次に示す問いを自分自身に投げかけ、精査する取り組みに着手しよう。

・自分の考えを押しつけるような言動を示していないか。

・自分とは異なる意見を許さないという姿勢を示していないか。
・自分の提案や考えに対して、質問を許さないという姿勢を示していないか。

これら三つの問いのなかに、万が一、「はい」と答えるものがあるとすれば、すぐに改善に向けて行動を起こす。もし、リーダーとして不適切、不十分なところがあることに気づいた場合、改善に向けて確かな一歩を踏み出す。こうした姿勢を示すことが求められているのだ。

## 「悪性の社会心理」転落部下（権利侵害ハイリスク部下）

この状態の部下は、第４章で紹介した職員と同じような状況に陥っている公算が大きい。いわゆる権利侵害にどっぷりと手を染めてしまった状況である。

ここでは、権利侵害行為を示す人が陥りやすい「悪性の社会心理」（Malignant Social Psychology）（214～215頁参照）を紹介する。これは、パーソン・センタード・ケア（Person Centred Care）の提唱者トム・キットウッドが、介護の現場で誤ったケア姿勢に陥っている職員はどのような心理状況に陥っているか、まとめたものである。端的にいえば、利用者の尊厳を根こそぎ奪いとる誤ったケア姿勢の類型を示したものである。

認知症ケアの領域において提示された類型であるが、青年期以降の福祉サービス利用者を対象と

10 **利用者がもつ力を発揮させない**（Disempowerment）：利用者が有する力を発揮する機会を奪う。職員が自分のペースで仕事を行うことを優先する。結果的に能力低下の状態に陥らせる。

11 **無理強い／強制**（Imposition）：利用者が望まないこと、嫌だと思うことを無理にやらせる。

12 **中断させる**（Disruption）：利用者が行っていることを一方的に中断させる。利用者が楽しんでいることをやめさせ、「もう、お風呂の時間だから」と言って、無理に連れて行く。

13 **もの扱い**（Objectification）：声をかけずに、一方的に介助する。流れ作業的な対応をする。

14 **スティグマ（汚名）を着せる**（Stigmatisation）：人格を無視するような見方をし、見下したようなレッテルを貼る。尊厳を損なうようなあだ名をつける。

15 **無視する**（Ignoring）：利用者の存在があたかもないように振る舞う。利用者の存在を無視して、職員だけで会話を楽しむ。

16 **除け者扱いする／仲間はずれにする**（Banishment）：物理的、あるいは心理的に、利用者を排除する。職員の一方的な判断で、無理矢理、利用者が居たいと思う場所から動かしてしまう。

17 **からかい**（Mockery）：利用者が示す行動をからかう。物笑いの種にする。屈辱を与えるような言動をする。シャツがたくしあがってしまい、へそがみえている状況の女性利用者に、「ほら、へそ出して、男の人を喜ばせちゃだめですよ」といった不適切な言動を示す。

## 「悪性の社会心理」類型

1 **脅す**（Intimidation）：言葉や姿勢、態度による威圧的行為。

2 **ほったらかし／後回し**（Withholding）：利用者の思いや願いを聞こうとしない。利用者が何らかの支援を必要としているのに、対応しようとしない。

3 **急がせる・急かす**（Outpacing）：利用者のペースを無視した支援を行う。職員のペースにあわせることを強要する。利用者のペースを無視して、無理に食べさせる。着替えの際に、急かすような言動を示す。

4 **上から目線の子ども扱い**（Infantilisation）：大人の利用者を子ども扱いする。自分の思い通りの動きをしているときはやさしい対応をするが、意図とは異なる動きをすると、「何やってるの。ダメでしょ！」と小さな子を叱りつけるような対応をみせる。

5 **マイナスのレッテルを貼る**（Labelling）：マイナスの視点でみる。「いつも困らせるようなことばかりする」と、相手が悪いと決めつけるような一方的かつ誤った見方をする。

6 **侮蔑**（Disparagement）：能力がない、役に立たない、価値がない、という見方をしたり、態度を示したりする。

7 **非難する**（Accusation）：利用者の行動を非難することに終始する。「どうしてそんなことするんだ！」「なぜそんなことするの！」と叱責するような言動を浴びせかける。

8 **だます**（Treachery）：思い通りに動かそうと思い、だますこと。事実ではないことを伝える。「○○したら○○してあげる」と、職員としての優位性を利用し、交換条件的な対応をする。

9 **本人の気持ちを受け止めない**（Invalidation）：利用者が今、とらえている現実を受け止めず、否定する。「えっ？　また、トイレ？　さっきも行ったでしょっ。もう出ません。気のせい！」というような対応。

したサービス現場であれば、どこでも共通する危うい心理類型である。どの福祉領域で働いていようとも、重要な知識の一つとして、学ぶ必要がある。

どのような心理状況に陥ると、誤った業務姿勢、接遇姿勢などに陥る可能性があるのか。この重要なポイントがわかれば、未然に防ぐための対策も講じやすくなる。

リーダーとして、部下を適切な方向に導くためには、どのような姿勢が許されないのか、正しい知識が必要となる。「悪性の社会心理」の類型に目を通し、自らがリーダーシップをとる職場にこのような姿勢が見られることがないか、点検する。もし見られる場合は、誤ったケア姿勢の除去に向けて、即座に行動を起こさねばならない。

## 「できている」と思い込み部下

実は十分に業務がこなせていないのに、「できている」と思い込んでいる職員と向き合う際には、その職員は何ができていて、何ができていないのか、整理し見極める作業から始める必要がある。あいまいなとらえ方では、業務のレベルアップにつながるような的を射たアドバイスができないからだ。指導する立場にあるリーダー職員は、まず、この重要なポイントをしっかりと押さえておかねばならない。

リストアップ後は、優先順位を決めて、「これは何をおいてもできるようになってほしい」業務に関して、どのレベルまでを求めるのか、ゴールを示す作業に取りかかる。

これは極めて重要な取り組みだ。なぜなら、「できている」と思い込んでしまう職員の多くは、ゴールの設定を間違っているケースが多いからだ。**何が、どのように、どこまでできれば、「できている」と胸を張れるのかわかっていない**ことが少なくないからである。

もちろん、事前に把握するといっても限界はある。その場合も、可能な限り、情報収集をし、あらかじめ、どの部分ができていないのか目安をつけるよう努力する。

そのうえで、本人と向き合い、話し合いをする。本人は何ができていて、何ができていないと思っているのか、本人の見解に耳を傾ける。「できていない」と思われる業務を、本人が「できている」という認識を示している場合は、状況を詳しく確認する。具体的にどのような手順や方法で、業務を行っているのか説明してもらう。介護業務などの場合は、実際に〝演じて〟もらう。リーダー職員を利用者に見たてて、いつもの手順や方法を見せてもらう。不十分な点にリーダーが気づいた場合は次の手順で修正する。

①不十分な業務に関して正しい手順と方法を手本として見せる。
②見せたうえで、本人にロールプレイの形で実演してもらう。
③手順や方法に問題がある場合は、ピンポイントに修正点を指摘する。同時にどこをどう修正するか、手本を示しながら教える。
④十分なレベルができるようになるまでチャレンジしてもらう。
⑤できるようになったことを確認し、終了とする。

このような取り組みを通して、着実に業務が「できる」状態になるようサポートしていく。

事務系の業務に関しても手順は同じだ。連絡ノートの書き方が不十分な場合は、まずお手本を見せる。続いて、本人に実際に書いてもらう。不十分なところは指摘し、修正するようアドバイスする。コツをつかみ、他の人に伝わる連絡ノートが書けるようになるまで、根気強く指導する。

指導の際のポイントは、まさに、この根気強くがポイント。急かすと相手は焦る。焦ると、うまくできることも、できなくなる。自信喪失の状態になり、学ぼうという気力が失せてしまう場合もある。そうならぬよう、「ゆっくりじっくり」を心がける。

指導に当たる際に、最も重要なのは、「どうしてこんなに簡単なことができないのか」という姿勢を絶対に示さないという点。少しでもその姿勢を見せると、相手は責められていると感じる。「育てたい」という指導者（リーダー職員）の思いが素直に受け止められなくなる。成長の妨げとなるので、「どうしてこんなこともできないのか」という姿勢は厳に慎まなければならない。

## 陰口大好き部下

陰口は本人がいないところで、その人の悪口を言う行為を指す。もしリーダーである自分が陰口の対象になっていることがわかれば、心穏やかではいられない。不安にもなるし、復讐心に駆りたてられる場合もある。

ただし、リーダー職員はその思いに振り回されてはならない。復讐心は人の判断を誤らせる。よい結果をもたらすことはまずあり得ない。

そもそも陰口は本人がいないところで示されるものだ。よって、本人にそれが伝わってくるのは、「伝聞」である。例外は、その場面が録音、録画されたものを入手したケース、あるいは、隣の部屋で実際に漏れ聞いてしまったケースくらいだ。多くは、「伝聞」で、知り得たものである。

誰かが、あたかもその場を再現するような形で、「こんなこと言っていたよ」と耳打ちしたとしても、それがありのままの事実を語ったのか、聞き手は判断できない。あくまでも、その人が見聞きしたものを思い出しながら描写したものに過ぎない。そこに、その人による解釈が入る。

やっかいなのは、伝聞で解釈された事柄は、事実よりもオーバーに表現されるケースが多い点。だから、陰口が耳に入ったとき、人は怒り心頭の状態になりやすい。陰口のこうした特性を理解し、あえて冷静に向き合う。一時的に気持ちが動揺し、怒りに燃えても、伝え聞いたことが真実とは限らない。あくまでも、把握が可能なのは、自分に対して、どうやらマイナスの言動があったようだ、というところまでだ。

では、何もしないで黙って見過ごすのか。私はノー・リアクションをすすめるつもりはない。むしろ、積極的な行動に出ることをおすすめする。とはいえ、陰口に対するアクションではない。あくまでも、その人に対するアクションを起こすという意味だ。

もし、これまで、陰口を言っている（と思われる）部下とのふれあい、コミュニケーションの機会が少ないようであれば、意識して増やすようにする。その際のポイントは、感謝とねぎらいとリスペクトだ。

会話のなかに、その職員を大切にしているという気持ち、いいところを評価しているという思い、感謝やねぎらいの気持ちなどを、ふんだんに盛り込むようにする。「この前はありがとうございました」「この前は本当に助かりました」「この前、こんな光景を見て本当に嬉しかったです」といったイメージの話を、意識して盛り込むようにする。

なぜか。感謝とねぎらいとリスペクトの気持ちが伝えられると、その人を陰で攻撃するのは難しくなるからだ。何らかの理由でマイナスの感情や敵対心を抱く部分があったとしても、**今、目の前**

**にいるその人が、自分を認める姿勢を見せてくれると、攻撃モードは薄らいで、陰口攻撃を仕掛ける気力は失せやすくなる。**

## できない理由探し部下

業務のレベルアップや見直しを訴えると、必ずといっていいほど、出くわすのが「できない理由探し」に走る人だ。得意なのは、「時間がない」「人が足りない」という言い訳。リーダー職員として長年の経験がある人も、部下が発するこの言い訳には一瞬怯んでしまう。ギリギリの人員配置であることは事実だし、時間があり余っているわけでもない。

が、「時間がない」「人が足りない」から無理な注文は出せないと白旗を掲げて退散するのが、リーダー職員としてとるべき選択であろうか。答えはノーだ。もし、改善しなければならない重要な案件があるのであれば、こうした声に安易に屈してはならない。

そもそも、限られた時間のなかで、業務を行うことが求められるのは福祉の業界だけではない。人員配置について基準をクリアしている状態であるなら、「人が足りない」という言葉に簡単に屈する必要はない。今や、どのような業種、業界もギリギリの人員配置のなかで業務遂行がなされている。しかし、他の業界では改善が必要な案件があるとき、ギリギリの人員配置で一杯一杯だから、何もしないで放置することなどあり得ない。福祉の業界でも、知恵を絞り、工夫をして、改善に向けた時間を確保する。そのうえで最善の解決策や改善策を立案し、実行に移していくことが求められているのである。

では、いったい「できない理由探し」に陥っている職員にどう向き合えばよいのだろうか。

心を動かすには、なぜ改善に取り組むのか、丁寧な説明が必須条件となる。**重要なのは、〝なぜ〟という部分。部下が納得できるよう、わかりやすい言葉で丁寧に説明する。**今、改善に向けて行動を起こさなければ、どのような事態が発生する可能性があるのか、説明をする。例えば、こんな具合に。

「この間、ご家族から、日中活動についてやることもなく、ラウンジの椅子に座っているだけの時間が長すぎる、とご指摘を受けました。今回は要望という形で、ご家族の口調は穏やかでしたが、何も対応をしないと苦情に発展する可能性もあります。この段階で速やかに対応したいと思っています。それには皆さんの力が必要です。ぜひ力を貸してください」。

協力を呼びかけたうえで、「まずは実現可能な取り組みに着手しましょう」と提案する。最初から高いレベルを要求すれば、尻込みし、「できない理由探し」の姿勢に戻ってしまう恐れがあるので、慎重を期す。最初の一歩としては、ちょっとした工夫とアイディアでクリアできそうな取り組みから始める。ほんの小さな一歩のように感じるかもしれないが、そんなことはない。できない理由探しに奔走し、何もしないで終わっていた状況と比べれば、雲泥の差だ。成功体験を積みあげて

いけば、次のハードルに向かう自信も生まれる。

［参照文献］

・「C世代駆ける――お金より社会へ視線、シンクタンク・ソフィアバンク副代表　藤沢久美氏」日本経済新聞、二〇一二年一月一〇日朝刊
・トム・キットウッド、高橋誠一訳『認知症のパーソンセンタードケア――新しいケアの文化へ』筒井書房、二〇一三年
・Brooker, D., Person-Centred Care: Making Services Better, Jessica Kingsley Publishers, London, 2006.

第9章

# 易《やす》きに流されない“よきリーダー”になるための力を磨く

## ―そして、さらなる高みを目指し旅を続ける―

# 1 あらためて確認しよう、リーダーシップを発揮する人に求められること

## 1 易《やす》きに流されない姿勢を堅持《けんじ》する

今、福祉領域でリーダーシップを発揮する人には、何が求められるか。そう聞かれたら、私は必ずこう答える。

**「易《やす》きに流されず、強い決意と覚悟をもってやるべきことをやり遂げていく。あきらめず、投げ出さずに、ひたすら邁進《まいしん》していく。その姿勢を常にもち続けることが、リーダーには必要とされる」。**

このような主張を聞くと、つい怯んでしまう人がいるかもしれない。組織やチームを率いてきた経験がある人も、「私には無理」と、思わず尻込みしてしまう人がいるかもしれない。

実際、私のもとには、次のようなリーダーの声が寄せられることが少なくない。

「そんなつもりはないんですけど、つい易《やす》きに流されてしまうことがあります」

「思うように職員が動いてくれなくて、もうこれ以上、無理かなとあきらめたことがあります」

「何とかしようという思いはあるんですが、なかなか、現場は変わってくれないんです」

気持ちはよくわかる。組織はそう簡単には変わらない。一度出来上がった仕事の手順や方法、段取りなどを見直すのは、実は容易なことではない。職員に繰り返し協力を訴えるが、なかなか理解

が得られない。そのために、あきらめの境地に陥ってしまう。そのような経験をしたことがないリーダー職員は、おそらく、この世には皆無だ。

### 2　大切なのは自分を磨き続ける姿勢

こうした状況から脱するには、よきリーダーとなるために、自分を磨き続けることが必要になる。どんなに長い経験をもつリーダーであっても、完璧ではない。磨くべき点は少なからずある。大切なのは、リーダーシップの礎となる力を身につけ、常に磨き続けていくという姿勢をもち続けることだ。ここでは本書のまとめとして、その重要な力を選りすぐって紹介させていただく。

## 2　リーダーとしてさらなる飛躍を遂げるために磨きをかけるべき力

### 1　ビジョン把握・呈示力

ここでいうビジョンとは三つの観点からとらえたものだ。

一つ目は、マクロな視点からとらえたビジョン。社会全般および社会福祉領域全体をとらえたうえで、今後どのような方向に進む必要があるのか、ビジョンを明確にしていく。

二つ目は、各自治体レベル、地域社会レベルでとらえたビジョン。地域特性や地域のニーズを踏まえたうえで、どの方向に進むのか道筋を明らかにしていく。

三つ目は、法人、事業所、そして、各部署レベルでとらえたビジョン。法人が掲げる理念や運営方針などを踏まえたうえで、これからどのような方向に進んでいくか的確に把握していく。

三つの視点で整理したビジョンは、皆で共有できるよう部下にわかりやすく伝えていく。

## 2 コミュニケーション力

コミュニケーション力は、心と心を通わせる力を指す。相手の思いを的確に理解すると同時に、自分の思いを的確に伝えていく力である。

この力を身につけるためには、多くの人が見落としがちなコミュニケーションの基本特性を理解する必要がある。とりわけ重要なのは、次の三点だ。

第一は、**「伝えたから伝わるとは限らない。伝わるように工夫をするという特性」**。相手が「わかった」と意思表示をしたとしても、本当に思いが伝わっているとは限らない。思いが伝わるよう知恵を絞る。身につけたすべてのコミュニケーション・スキルを用いて、伝え方を工夫する姿勢を示す。

第二は、**「本人が言葉にして伝えてくれたことが、本人の思いを言い表しているとは限らないという特性」**。思いを理解するためには、表情、仕草、これまでの関わりなどを通して得た情報を整理分析し、理解に努めていくという姿勢が必要となる。

第三は、**「人がある時点で示した思いは、時の流れや置かれている状況が変わることによって、当初把握したものとは異なるものに変貌を遂げることがあるという特性」**。ある時点で思いを確認したから、それで終わりとはとらえない。その後の関わりのなかで、気持ちの変化や新たな思いの発見に努める姿勢が必要となる。

こうした原則を把握したうえで、コミュニケーション・スキルに磨きをかけていくことが必要となる。

## 3 人望力

人望力とは、人からリスペクトされ、信頼される力を指す。この力を身につけるためには、リスペクトされる何かを手に入れるべく努力しなければならない。他の職員から「すごい。いつかああなりたい」「一緒にいると自分の成長にもつながる」と思われる部分を磨く必要がある。

では、具体的にどのような部分を磨くのか。ポイントは次の通りである。

・品性や品格、身だしなみ、話し方、物腰などといった一人の人間としての総合的魅力
・仕事に対する職業人としての基本姿勢（表情、所作、動作、立ち居振る舞い、段取りなど）
・専門的な知識、高度なスキルという業務に関するもの
・ものの考え方やとらえ方、志、倫理観、人間観といった思考特性・価値観に関するもの
・思いやり、優しさ、心配り、気遣いなど他者への姿勢に関するもの
・人への理解、思いの把握など対人理解に関するもの

これらの点をレベルアップし、磨きをかけていくことが必要となる。

## 4 共感力

共感力とは、相手の視点から物事をとらえ、考える力だ。この力は、利用者や家族に対して発揮されなければならないし、部下・後輩に対しても示されなければならない。チームリーダー、主任、中間管理職の立場であれば、上司に対しても発揮することが求められる。

共感力を発揮するには、専門的な知識が求められる。認知症、知的障害、発達障害、精神障害がある人の立場にたつためには、認知症や各種障害に対する的確かつ十分な知識が必要になる。支援した経験があるだけでは、相手の立場にたつことはできない。支援する側からとらえた利用者像に過ぎないからだ。

部下、後輩、上司に対する共感に関しては、今、その人はどのような役割を担っているのか、どのような使命を果たすことが求められているのかを理解することも必要だ。それがわかっていなければ、もし自分が同じような役割や使命を担う立場になるとどのような心理状況になるか、思いを巡らすことはでき

ない。相手の立場を把握できなければ、適切かつ的確に、相手をサポートすることも困難になる。
共感を言葉だけに終わらせず、行動へと移すには、専門性を磨き、ともに働くすべての職種・職階職員の役割と使命に関する理解を深める取り組みが必要となる。

## 5 スタッフ・エンパワメント力

スタッフ・エンパワメント（Staff Empowerment）とは、「職員の成長や能力の発揮を妨げる阻害要因を特定し、要因の除去に向けて必要かつ適切な対応策を講じて、成長をサポートしていく一連の活動」を指す[*1]。

この力を発揮するには、部下が、職員として「何を十分に成し遂げているのか」「何を成し遂げられていないか」、把握する取り組みが必要となる。成し遂げられていない事柄に関しては、原因を精査したうえで、成し遂げられるようサポートしていく。

例えば、行動障害のある利用者へ支援が十分にできていない状況があり、その原因が、行き当たりばったりの対応でよしとする甘い姿勢にあったとする。この場合、不適切との訴えがな

される可能性がある点を指摘し、「このままではいけない」という危機感を職場全体で共有するよう働きかける。

続いて、行動障害関連の書籍を整備し、自己学習ができるよう環境整備する。外部の研修に派遣し、学んだことを職場に持ち帰ってもらう。他の職員への伝達研修を行ってもらい知識の共有を図る。こうした一連の取り組みを通して、職員のエンパワメントを着実に図っていく。

## 6 気づき力

この場合の気づきとは、次の二点に対するものを指す。

一つは、利用者および家族に関する気づきである。どのような思い、ニーズがあるか気づく。どのような困り事、生きづらさに直面しているのか気づく。どのような持ち味、強みがあるか気づく。何を、どのようなタイミング、手順や方法で支援してほしいか気づく。そして、チームリーダーの立場であれば、この点について自らがよき手本を見せることが求められる。

もう一つは、組織全体・部門・部署に存在する課題や問題、改善すべき点に関する気づきだ。福祉の職場の恐いところは、

他のサービス業と比べると「お客様」からのクレームが出にくいという点。そのため、危機意識が薄れ、気づく目、気づく感性が鈍ってしまうことがある。

職場がこの罠に陥れば、業務レベル低下は止まらなくなる。食い止めるためには、リーダーが率先してよき手本を見せるよう努めなければならない。部下として働く職員に対して、課題や問題の解決に向けて邁進《まいしん》する姿を見せることが必要となる。

## 7 率先垂範力《そっせんすいはん》

利用者や家族のニーズに気づいたら、充足に向けて速やかに行動を起こす。十分な支援ができていない事実に気づいたら、自ら改善に向けて速やかに行動を起こす。率先垂範《そっせんすいはん》し、まずは自分が行動を起こす。そんなよき手本を部下・後輩に示すことがリーダー職員には求められる。

同様に、職場内の課題や問題についても、速やかに、改善策の立案と実施に取り組むようにする。問題や課題によっては、直属の部下に指示を出し、改善計画の立案、実施を指示することもあるだろう。

どのようなケースであろうとも、最初の一歩はリーダーが踏み出す。常に率先垂範《そっせんすいはん》する姿勢を示すことが必要になる。

## 8 実現力

リーダーに今、求められるのは、問題解決や業務レベルの向上を目指して、行動を起こすことだけではない。問題解決や業務レベルの向上をやり遂げていくことだ。

リーダーは、行動を起こすだけでは終わらない。行動を起こし、所期の目標達成に向けて全力を尽くす。そして、着実に成果をあげていく、実現力が求められている。

万が一、行動を起こしたが、やり遂げられなかった場合はどうするか。誠意をもって取り組んだのであれば、失意のどん底に沈む必要はない。うまくいかなかった原因を特定したうえで、計画を練り直す。そのうえで再チャレンジすればよい。プロフェッショナルな職業人として、何かにチャレンジするときには、こうした不退転の姿勢が求められる。

行動力
＋
実行力
＝
実現力
このように
進めたいと
思います

# 9 納得力

あえて、断言する。今、組織やチームを率いるリーダーに求められるのは、部下に対する説得力ではない。説得はストレートな言い方をすると、力業だ。上司と部下という立場で、上司に力で説き伏せられれば、部下はひとたまりもない。心の中では、「違う」と思っても、「はい」と答えてその場を逃れようとする。上司の指示に従うのはポーズだけ。心はついていかない。

説得に頼ると、上司は就いているポストが高ければ高いほど、裸の王様状態になる。本当は誰もついてきていないのに、「人望がある」と勘違いする。部下・後輩は、指示に対して「はい」と答えているが、本当はそうではないという事実に、心の底では何となく気づいているケースもある。そのために、不安感が強くなる。心穏やかでなくなる。心がうまくコントロールできなくなり、より強く部下に接するようになる。こうして、さらに人の心が離れるという悪循環を招くようになる。

**信頼されるリーダーになるには、力に頼らない関係づくり**が必要だ。

そのためには、「どんな態度や方法で話しかければ納得してもらえるか」「どんな伝え方をすれば納得してもらえるか」を

考えたうえで、部下・後輩に接することが必要になる。

## 10 権利保障推進力

利用者の権利は、行動を起こして保障するためにある。その先頭に立つのが、指導的立場にあるリーダー職員である。

権利保障に向けて、日々邁進《まいしん》する職員を育てるためのポイントは次の通りである。

・具体的にどのような権利を守っていくために働くのか、繰り返し伝え、職員の脳裏に焼きつかせるようにする。

・「質の高いサービスを受ける権利」「個別ニーズに基づく支援を受ける権利」「自己決定・自己選択権」「プライバシーに関する権利」「一人の人間としてリスペクトされる権利」などを保障することが、職員の使命であるという点を繰り返し伝えていく。

・実践リーダーであれば、これらの権利の保障に向けて、自らよき手本を見せていく。常に、自分自身もこれらの権利

保障に向けて、よき実践を心がける。

同時に、**心がけなければならないのは、部下・後輩が安心して働ける職場環境の整備**だ。あらゆる形態の権利侵害は、働きにくい職場環境のなかで発生することが多い。

だから、リーダーはすべての職員に安心感を提供する職場づくりに力を尽くすと心に誓う必要がある。

「いつも自分は守られている」「大切にされている」「正当に評価してもらっている」「公平な扱いを受けている」「いつも頼りにできる人がいる」。

職員がそう実感できる環境づくりが、権利保障の推進につながっていく。

## 11 モチベーション・マネジメント力

職員が元気に、高い志をもって働ける職場環境を作っていくこと。これはリーダーの重要な使命だ。そのためには、自分自身が強い意欲と志をもって働く姿勢を維持し続けることが必要となる。

高いモチベーションをもって働くうえで重要になるのは、常に、自分自身に向き合うこと。職業人としての動機を確認する。同時に、**自分は今リーダーとして働く職場で、「何を実現したいのか」、志を明らかにする**作業に定期的に取り組む。

自分をよき仕事へと駆りたてる動機と志が明確になれば、高いモチベーションが維持しやすくなる。

高い意欲と志を示すリーダーの姿は、部下・後輩にもよき影響をもたらす。職員に安心と信頼、そして、困難なことにたち向かう勇気を与えてくれる。それは、高い志をもって働く職場づくりの源泉となる。

## 12 ロールモデル提示力

部下・後輩に、よき手本を見せて、自分がどのような職業人となる必要があるのか、目指すべき職業人像を提示するのは、リーダーの重要な責務である。

部下・後輩にとって、「ああなりたい」と思ってもらえるロールモデルとなるためには、「人望力」の項（230頁参照）で示した職業人としての基本姿勢や総合的な魅力の部分に磨きをかけることが必要だ。仕事に対する職業人としての基本姿勢（表情、所作、動作、立ち居振る舞い、段取りなど）、一人の人間としての総合的な魅力（話し方、物腰、品性など）、加えて、専門的な知識やスキルなどといった点について、磨きをかけていく。

リーダー自身がよきロールモデルになる。そう強く意識し、よき手本を見せるとの姿勢を貫く。これが、人が育つ職場づくりの重要なキーポイントになる。

## 13 役割期待提示力（的確な期待を部下・後輩に示す力）

リーダーは、職員にどのような役割を果たすことが期待されているのか、的確に伝えていく責任がある。役割期待が把握できていなければ、期待に応えながら働く職業人にはなれないからだ。

期待を伝える際には、常に、プラスの視点で伝えることが重要な基本原則になる。一人ひとりの力を心から信じ、力が存分に発揮できるようサポートする。**リーダーからポジティブな期待をかけられれば、部下はその期待に応えて前向きに行動を起こそうという心理状態**になる。自己成長につながり、結果的に、職場の業績向上にも貢献できる人になる。上司の信頼と期待が部下を育てる原動力になるという、**ピグマリオン効果**が機能するようになる。

ピグマリオン効果が機能するには、常に職員に対する信頼と愛情が必要となる。大切にしているという姿勢をもち続けることがポイントになる。表情、態度、姿勢などに十分に留意しながら、ポジティブな思いが伝わるよう全力を尽くすことが求められるのだ。

この点について、リーダーは決して逃げの姿勢を示してはならない。「そんな姿勢を示すのは無理」「性格上できない」という思いが、心のどこかにあるとすれば、その思いは決然たる思いをもって封印しなければならない。リーダーの責務は他者の可能性を信じ、引き出すこと。自身のピグマリオン効果を引き出すリーダーとしての可能性についても、固く心から信じ、行動を起こすことが求められているのである。

## 14 セルフ・マネジメント力

セルフ・マネジメント力とは、自己管理に関する総合力を指す。この力には、目標を設定し達成していく力、時間を有効に使う力などが含まれるが、リーダー職員にとって最も重要になるのは、

**自己の感情を常によい状態に維持していく力**だ。どんな状況にあろうとも、自己の感情をうまくコントロールしながら、最高のパフォーマンスが示せるようになることが求められる。

リーダーの立場になれば、業務改善、人財育成、リスク・マネジメント、組織全般のマネジメントなど、多くの責任を担い、果たしていくことが要求される。それまでのキャリアステージでは経験したことがない、プレッシャーとストレスにさらされる立場になる。たとえどのような逆境にさらされようとも、リーダーは使命達成、業務遂行という責任から逃れることはできない。

こうした状況のなかで、沈着冷静に責任を果たしていくには、プレッシャーやストレスとうまく付き合うためのスキルや手法の習得が必要になる。いまや、リラクゼーションやストレス・マネジメントの手法は、星の数ほど紹介されている。多くの選択肢のなかで、自分にとって、心の落ち着きにつながると思うものを選択すればよい。ジョギング、スイミング、筋トレ、ヨガ、瞑想、マインドフルネス、その他趣味的活動などのなかで、自分に一番しっくりいくものを選べばよい。

## 15 チームワーク力

チームワーク力とは、所属メンバーが共通の目標達成に向け一致団結して行動が起こせるよう導いていく力を指す。この力を発揮するために、リーダーが行わなければならないのは次の二点だ。

第一は、**目標の明確化**。どのような目標を達成するために働いているのか、具体的目標を示す。上級管理職であれば、中長期的目標を強く意識し、その達成に向けて各部署が何をしていく必要があるか、意識づけが必要だ。中間管理職は中長期的目標に目配りをしながら、短期目標や当面の課題を明示し、達成に向けたサポートを行っていくことが必要になる。チームリーダーや主任の場合は、プレーヤーという形で、一致協力して短期目標、当面の課題達成に向けて行動を起こすことになる。

第二は、**達成に向けたサポート**。目標達成を妨げる何らかの要素がある場合には、原因を特定したうえで、適宜、必要なサポート策を講じていく。職員間の対立が原因の場合は、相互理解に向けた話し合いの場をコーディネートし、解決を図っていく。

## 16 多職種連携・地域連携・組織間連携力

多職種連携、地域連携、組織間連携は、今や時代のキーワードだ。社会福祉サービスの提供は、さまざまな職種が担っている。地域社会との連携も必要になるし、他組織・他機関との連携も欠かせない要素となっている。

リーダー職員は、常にこの三つの連携を意識しながら、組織全体・各部門・部署・チームの運営に携わっていかなければならない。また、次の点について、理解を深めることも忘れてはならない。

・利用者の支援に関しては、どのような職種、専門職の人がどのような役割を担い、どのようなサービス提供を行っているか。
・地域社会にはどのような社会資源があるか。どのような団体、組織があるか。どのようなスキルや知識などをもった地域住民がいるか。
・密接な連携を必要とする機関・組織にはどのようなものがあるか。それぞれの機関・組織がどのような役割を担っているか。

連携強化を図るには、職員のスキルアップが欠かせない要素となる。**能力強化が他の専門職から**

**のリスペクトの獲得につながるし、対等な立場での連携を強化していく礎となる**からだ。地域住民、他組織・他機関に所属する人たちからの信頼獲得にもつながるからである。

同時に必要となるのが、**業務レベルの向上による組織力の強化**だ。自施設・事業所の強みを伸ばし、ブランド力を向上させる。強固なアピールポイントをもった組織となれば、地域社会からの信頼感も高まる。他組織・他機関との連携も図りやすくなる。

## 17 クオリティー・マネジメント力

質の高いサービスを提供する事業所となるためには、常に業務を点検し、レベルアップを図る姿勢を組織全体で共有していくことが必要になる。その牽引者《けんいんしゃ》としての役割を果たすのがリーダー職員である。

業務点検の際には、職員目線や事業所目線からではなく、**徹底的に利用者の視点で業務チェックに取り組む**という共通認識が必要になる。利用者あるいは家族の視点から考えたとき、提供されるサービスや行われている業務のなかに、改善が求められるところはないか、問題と指摘されるようなことはないか、チェックしていく。

明らかになった問題や修正点は、緊急性や重要度などを勘案したうえで、どれから取り組むか優先順位を決める。解決に向けて行動を起こすことを決めた問題や修正点については、なぜそのような状況が生じているのか、原因を明らかにする作業に取り組む。そのうえで、改善計画を立案し、実施していく。

## 18 リスク・マネジメント力

リスク・マネジメントは、利用者の命と健康を守るために行われるものであり、事故や過誤の発生を防ぐために行われる一連の取り組みを指す。

事故・過誤がない安心できる環境を作りあげるには、職場内に存在するあらゆるリスクの点検が必要となる。その際に、投げかけるべき問いは次の通りだ。

・設備、備品、建築構造などに事故や健康被害などにつながるリスクはないか。

・感染症対策、健康管理面で不備な点、修正が必要な点はないか。
・防災対策のなかに、不備な点、修正が必要な点はないか。
・組織体制のなかに、不備な点、修正が必要な点はないか。
・業務手順や方法などのなかに、事故・過誤を生み出しかねないリスクはないか。
・職員間の連携方法、報告連絡方法のなかに、リスクはないか。
・職員の基本的な介護技術、支援技術のなかに、リスクはないか。
・職員のものの考え方、価値観、利用者観のなかに、誤った支援方法、低レベルの接遇につながるリスクはないか。
・職員育成体制のなかに、不適切事例、事故、過誤などにつながるリスクはないか。
・業務分担や職員配置の面でリスクはないか。
・過去の事故事例、ヒヤリハット報告から教訓を学ぶという姿勢に不十分なところはないか。
・法令違反と指摘されかねない実態が職場のなかに存在しないか。
・組織のコンプライアンス（法令遵守）体制は、十分に整備されているか。
・管理業務のなかに、不十分なところはないか。
・法人の経営や運営を監視するガバナンス体制は整備されて

これから起きるかもしれないから手を打っておこう
フム…
RISK

いるか。

これらの問いを投げかけた結果、不十分なところが明らかになった場合は、速やかに改善策を講じ、実行に移していく。

## 19 ソーシャル・アクション力

ソーシャル・アクションとは、社会福祉関連法制度のさらなる発展や創設に向けて、国や各自治体に対して陳情、提案などを行う活動を指す。

社会福祉領域で働けば、法制度面でどのような課題があるか、どのような改善や修正が必要とされるか、気づくことができる。制度が不備あるいは存在しないために、利用者のニーズに十分に対応できないという事態に気づくこともできる。

こうした事実に気づいたとき、リーダーには、行動を起こす責任がある。**法制度の不備、不在を指摘して、あらためていく活動は、利用者の最善の利益**（Best Interest）**の保障につながる活動の一つ**であるからだ。

ソーシャル・アクションの起こし方にはさまざまな方法がある。署名を集め行政機関に陳情するという方法もあれば、日頃から関係のある自治体職員のもとを訪ね、話し合いの機会をもつという方法もある。新聞の投書欄に投稿し、法制度の整備充実強化を訴えるという方法もある。実践研究レポートあるいは研究論文という形でまとめ、福祉系月刊誌、学術誌に投稿、掲載してもらうという方法もある。

大切なのは、何らかの形で、ソーシャル・アクションを起こす覚悟をもつことだ。社会福祉法制度のさらなる発展に向けて行動を起こすことが、今、リーダーには求められている。

## 20 健康経営力

今、マネジメントにかかわる人が達成すべき重要な経営課題は、「健康経営」の推進である。これは、社員として働く人の心身の健康を積極的に支えて、パフォーマンスの向上、組織のブランド価値の向上、ひいては、マクロな意味での医療費の削減を実現していくという考えを指す。

リーダーは、この考えに基づき法人全体はいうまでもなく、自分が管理監督する部門・部署・チームで働く職員の心身両面での健康増進に向けて、必要な対策を講じていかなければならない。

とりわけ重要なのは、**働きやすい職場環境の確立**である。**職員にとって安心して働ける環境を整備する。**過負担な業務がある場合は、軽減に向けた取り組みに着手する。時間外労働が常態化している場合は、原因を精査したうえで、軽減に向けた対策を速やかに講じる。その他、職員に過剰な負担をもたらす、あらゆる要因を特定し、除去に向けて行動を起こす。

「健康経営」の確かな推進が叫ばれる今、福祉領域のリーダー職員にも、心身両面において健康で安心して働ける職場づくりに向けて、勇往邁進《ゆうおうまいしん》することが求められているのである。

[引用文献]

＊1　久田則夫「メンバーシップ・リーダーシップ――組織・部門管理職としてのリーダーシップの醸成」福祉職員キャリアパス対応生涯研修課程テキスト編集委員会編『福祉職員キャリアパス対応生涯研修課程テキスト4（管理職員編）』全国社会福祉協議会、三八頁、二〇一三年

[参照文献]

・J・スターリング・リビングストン「マネージャーの期待と信頼が人を育てる」Harvard Business Review 編『人材マネジメント』ダイヤモンド社（論文初出データ：Pygmalion Management（HBR, 1982、10月号））、二〇〇二年

・「『健康経営』で日本を元気に」日本経済新聞社説、二〇一六年九月二九日朝刊

［著者紹介］

# 久田則夫
（ひさだ・のりお）

長崎県大村市生まれ。昭和 60 年 3 月、上智大学外国語学部卒業後、知的障害者施設に就職。
平成 6 年 3 月まで、生活指導員として勤務。その間、3 年間にわたり、英国国立スワンジー大学院博士課程に留学。高齢知的障害者に関する社会学的研究で、博士号（Ph D）取得。長崎純心大学、龍谷大学を経て、現在、日本女子大学人間社会学部教授。専門領域 : 利用者本位サービス論、社会福祉組織運営論

**〈主な著書〉**
『どうすれば福祉のプロになれるか――カベを乗り越え活路を開く仕事術』（単著）中央法規出版、『社会福祉の研究入門――計画立案から論文執筆まで』（編著）中央法規出版、『伸びる職員実践教室――保健福祉の職場が変わる仕事術』（単著）医歯薬出版、『デキる福祉のプロになる　現状打破の仕事術』（単著）医歯薬出版、『施設職員実践マニュアル――インフォームド・コンセントにもとづいた利用者主体の援助プログラムの勧め』（単著）学苑社、『エンパワメント実践の理論と技法』（共編著）中央法規出版、『改訂　地域福祉・介護サービスQ&A――介護保険時代の高齢者ケア実践のポイント』（共編著）中央法規出版、『高齢知的障害者とコミュニティケア』（単著）川島書店、『ノリさんの楽々レポート作成術――福祉系学生・職員のための論文レポート作成マニュアル』（単著）大揚社、『社会福祉法の成立と 21 世紀の社会福祉〈別冊発達〉』（共著）ミネルヴァ書房、『社会福祉援助技術論』（共著）全国社会福祉協議会、『福祉のプロにおくる　職場の難問解決Q&A――これがあなたを危機から救うとっておきの秘策だ !』（単著）中央法規出版、『人が育つ・職場が変わる気づき力――業務改善と意識改革の教科書 !』（単著）日総研出版、『福祉の仕事でプロになる !――さらなる飛躍に向けた 24 のポイント』（単著）中央法規出版、その他多数。

# 福祉リーダーの強化書
## どうすればぶれない上司・先輩になれるか

2017年 9 月10日 初　版　発　行
2021年 12 月 15 日 初版第 5 刷発行

著　者　久田則夫
発行者　荘村明彦
発行所　中央法規出版株式会社
〒110-0016　東京都台東区台東 3-29-1　中央法規ビル
TEL03-6387-3196
https://www.chuohoki.co.jp/

ブックデザイン　加藤愛子（オフィスキントン）
本文イラスト　エダりつこ（パーミースタジオ）
印刷・製本　長野印刷商工株式会社


本書の内容に関するご質問については、下記URLから「お問い合わせフォーム」に
ご入力いただきますようお願いいたします。
https://www.chuohoki.co.jp/contact/

定価はカバーに表示してあります。落丁本・乱丁本はお取り替えいたします。
ISBN978-4-8058-5569-0